유신 공주와 촛불

손호철의
사색

12

유신 공주와 촛불

정치 평론으로 읽는 박근혜 시대

손호철 지음

이매진

손호철의
사색
12

유신 공주와 촛불
정치 평론으로 읽는 박근혜 시대

1판 1쇄 2018년 2월 9일
지은이 손호철 **펴낸곳** 이매진 **펴낸이** 정철수
등록 2003년 5월 14일 제313-2003-0183호
주소 서울시 은평구 진관3로 15-45, 1019동 101호
전화 02-3141-1917 **팩스** 02-3141-0917
이메일 imaginepub@naver.com
블로그 blog.naver.com/imaginepub
ISBN 979-11-5531-094-6 (03300)

- 환경을 생각해서 재생 종이로 만들고,
  콩기름 잉크로 찍었습니다.
- 표지 종이는 앙코르 190그램이고,
  본문 종이는 그린라이트 70그램입니다.
- 값은 뒤표지에 있습니다.
- 이 도서의 국립중앙도서관 출판시도서목록(CIP)은
  서지정보유통지원시스템 홈페이지(http://seoji.nl.go.kr)와
  국가자료공동목록시스템(http://www.nl.go.kr/kolisnet)에서
  이용하실 수 있습니다(CIP 제어 번호: CIP2018003501).

'손호철의 사색'을 펴내며

'미성년 17세 이하, 청년 18~65세, 장년 66~79세, 노년 80~99세, 장수 노인 100세 이상.'

고령화에 따라 유엔 산하 기관 유네스코UNESCO가 2014년에 발표한 새로운 나이 규정입니다. 이 기준에 따르면 이번에 65세로 대학에서 은퇴하는 저는 청년을 끝내고 장년으로 진입하는 것에 불과합니다. 따라서 그동안 쓴 글을 모아 일종의 전집을 낸다는 생각은 시기상조라고 볼 수 있습니다. 그러나 여러 고민 끝에 그동안 쓴 글을 한데 모으기로 했습니다.

앞으로 제가 얼마나 많은 글을 더 쓸지 모르지만, 대학교에서 정년을 한 만큼 그동안 한 작업들을 한번 정리해 일단락을 지을 필요가 있다고 느꼈습니다. 사실 저는 개인적으로 정치학자가 아니라 화가를 꿈꾼 미술학도였습니다. 그래서 은퇴를 계기로 그동안 해오던 사회과학을 그만하고 어릴 때 꿈을 찾아 예술의 길을 갈까 깊은 고민을 하고 있어서 그동안 한 작업들을 일별해야겠다는 생각이 더 큽니다. 마지막으로 제 글 쓰는 스타일입니다. 제가 쓴 글은 학술적인 글부터 정치 평론, 인문학적 에세이, 여행기 등 다양한 분야에 걸쳐 있습니다. 학술적인 글들도 단행본보다는 그때그때 학문적 정세에 실천적으로 개입하며 쓴 짧은 논문이 대부분이라 사방에 흩어져 있습니다. 게다가 많은 글들이 아직도 유효한데도 책이 절판돼 읽을 수 없는 사례가 많습니다. 따라서 이런 글들을 한군데에 모아 정리할 필요가 있습니다.

그래서 그동안 쓴 글들을 이론, 한국 정치, 정치 평론, 교양이라는 네 분야로 나눠 '이중적' 의미에서 '손호철 사색'이라는 시리즈로 내려 합니다. 이론의 경우 마르크스주의의 시각에서 진보적 정치 이론에 관련해 많은 글을 썼지만, 2000년대 중반 이후 한계에 부딪쳐 한국 정치 연구에 전념하게 됐습니다. 국가와 민주주의에 관한 글들로 1권을, 세계 체제와 지구화에 관한 글들로 2권을 만들려 합니다.

한국 정치의 경우 한국 정치의 이론적 쟁점들을 다룬 글들로 1권을 만들려 합니다. 그 뒤 시기별로 해방 정국과 이승만, 박정희, 전두환 시기 등 민주화 이전을 다룬 글들로 2권을, 1987년 민주화부터 1997년 국제통화기금IMF 경제 위기에 이르는 민주화 이후를 3권으로 만들 생각입니다. 세계화 이후라고 할 수 있는 1997년 이후부터 지금까지가 4권, 1992년 대통령 선거부터 주요 선거를 진보적 시각에서 분석한 선거 관련 글들을 5권으로 낼 예정입니다.

제가 기자 출신인데다가 학자가 된 뒤에도 실천적 활동을 해온 만큼 정치 평론을 많이 썼습니다. 유학을 끝내고 귀국한 뒤 긴 시간강사 시절을 거쳐 1990년에 교수가 돼 쓰기 시작해서 얼마 전까지 매달 2.5편꼴로 모두

800여 편에 이르는 칼럼을 발표했습니다. 처음에는 정치 평론의 성격상 정세적인데다가 현재적 의미가 학문적 글에 견줘 약한 만큼 일부를 골라 선집으로 내려 했습니다. 그렇지만 제 제자이자 이 책을 낸 출판사 이매진의 대표가 이 칼럼들이 1990년대부터 지금까지 한국의 현실 정치를 정치학자, 그것도 진보적 정치학자의 눈으로 지켜본 일종의 '한국 현대사'인 만큼 모두 다 책으로 낼 만한 의미가 있다고 주장해서 그렇게 하기로 했습니다. 김영삼 시대, 김대중 시대, 노무현 시대, 이명박 시대, 박근혜 시대 등 다섯 권이 될 겁니다. 또한 예술, 문화, 삶, 여행에 관한 짧은 에세이들을 한 권으로 모으고, 이미 단행본으로 출간한 라틴아메리카와 대장정에 관한 책은 따로 정리하려 합니다.

마지막으로 지성사와 시대사를 엮어 자서전 형식으로 쓰려 합니다. 우리 사회가 한 시대를 살아온 지식인들이 무슨 생각을 하고 어떻게 시대와 교감했는지를 보여주는 지성사 분야가 취약하다는 문제의식에서, 유신부터 현재에 이르는 시대사를 지성사의 관점으로 진보적 학자의 체험을 통해 정리해보려 합니다.

이 책을 만들기 위해 빚을 진 사람이 있습니다. 제 지도하에 석사 학위를 받은 뒤 이매진 출판사를 운영하고 있는 정철수 군은 이 책들을 기획하고 짧은 시간 안에 만들어줬습니다. 이 자리를 빌려 감사의 뜻을 전합니다.

아무쪼록 이 시리즈가 다양한 분야에서 실천적으로 글을 써온 한 진보적 지식인의 글들을 총체적으로 보여줌으로써 한국 지성사에 조금이라도 도움이 되기를 바랍니다.

차례

1부. 유신 공주의 어둠

머리말

대학 교수를 하면서 1년에 두 번 졸업생을 포함해 제자들을 만나 술자리를 합니다. 5월 스승의 날과 12월 제 생일입니다. 스승의 날은 제가 일해온 서강대학교 근처에서 만나 술을 마시고, 제 생일에는 제가 사는 분당 근처에서 간단한 등산을 하고 제집에서 폭탄주(군사 문화가 아니라 운동의 문화입니다)를 마십니다.

문제는 제 생일이 12월 19일이라는 것입니다. 12월 19일이 무슨 날인지 아십니까? 정치에 관심 있는 분들은 금세 떠올리시겠지만, 바로 대통령 선거일입니다(그래서 제 외동딸 고은이는 "생일부터 아빠는 정치학자가 될 운명이야"라며 저를 놀립니다). 따라서 선거 결과에 따라 5년에 한 번씩 이날은 축제가 되기도 장례식장이 되기도 합니다.

2012년 12월 19일, 저는 으레 그러하듯이 제자들과 함께 생일 기념 등산을 하고 있었습니다. 그러나 '혹시 유신 공주 박근혜가 당선되는 것 아닌가' 하는 초조함에 등산이 등산이 아니었습니다. 등산에 합류하지 못한 제자들까지 모이는 저녁 약속 시간을 지키려고 급히 산을 내려오는데 핸드폰에 문자가 들어왔습니다. 문재인 후보가 승리한다는 5시 현재 출구조사 결과였습니다. 신이 난 저는 동문인 박근혜가 당선하면 뭔가 학교에 도움이 될까 은근히 기대하고 있는 서강대학교 주요 보직자들에게 "꿈 깨십시오"라는 말을 덧붙여 문자를 보냈습니다. 그리고 축제로 시작된 생일 파티는 결국 장례식장으로 끝나고 말았습니다.

더욱 화가 난 이유는 그날이 그냥 생일이 아니라 특별한 생일이기 때문이었습니다. 바로 제 환갑날이었습니다. 이제 환갑을 챙기는 사람은 아무도 없다고 하지만 그래도 환갑인데, 환갑 선물이 다른 것도 아니고 우리의 민주주의를 짓밟고 저를 감옥에 보내고 제적시키는 등 제 청춘을 앗아간 박정희의 딸 유신 공주의 대통령 당선이었으니, 그 기분이 어떠했겠습니까? (사실 저와 박근혜는 같은 70학번으로, 정반대이기는 하지만 같은 시대를 살아왔습니다.) 그것뿐만이 아닙니다. 저는 2018년 2월에 정년퇴직을 하면서 30년간의 교수 생활을 정리해야 하는데, 박근혜도 그때 청와대를 나오게 된 것이었습니다. 은퇴도 같이 하게 된 겁니다.

그러나 우리의 민중은, 시민은, 대중은 위대했습니다. 촛불혁명으로 박근혜는 임기를 채우지 못하고 자기 아버지가 46년 전 저를 가둔 감옥에 갇히고 말았습니다. 최순실 덕분에, 그리고 우리의 위대한 민중, 시민, 대중덕분에, 제가 박근혜하고 같이 은퇴하지 않아도 되게 된 겁니다. 또한 조기대통령 선거가 치러지면서 제 생일날이 더는 대통령 선거일이 아니게 됐습니다. 이제 5년에 한 번씩 생일날에 희비쌍곡선을 겪지 않아도 됩니다.

이 책은 박근혜가 대통령에 당선한 2012년 대선부터 문재인 정부가 출범하는 때까지 '박근혜 시대'에 쓴 정치 평론을 모은 결과물입니다. 다시 말해 진보 정치학자가 본 박근혜 시대의 증언입니다. 대학을 졸업한 뒤 기자 생활을 했고, 박사 학위를 취득하고 교수가 된 뒤에도 '거리의 학자'로 사회운동에 적극 개입하는 등 실천적 운동을 해왔습니다. 그만큼 학술적 저술 말고도 25여 년간 매달 2.5편씩 800여 편에 이르는 칼럼을 썼습니다.

칼럼들을 다 모으니 책으로 3500쪽 정도 되는 엄청난 분량입니다. 그런데 박근혜 시기는 가장 분량이 적었습니다. 이유는 여러 가지입니다. 먼저 임기 5년을 다 채운 다른 대통령들과 달리 박근혜는 채 4년도 채우지 못했습니다. 재임 기간이 짧습니다.

다른 이유는 좀 복잡합니다. 궁극적으로는 세월호 사건 때문입니다. 들끓는 진보 개혁 진영의 분노에도 불구하고 세월호 사건 진상 규명과 사후 처리 과정에서 제1 야당인 새정치민주연합(그 뒤 더불어민주당)은 새누리당(그 뒤 자유한국당)하고 야합했습니다. 이 모습을 보면서 진보 개혁적 시민사회 진영의 적지 않은 사람들은 기성 정치에 더는 기대할 게 없다고 판단해 '국민의 눈물을 닦아줄 수 있는 새로운 정치세력의 건설을 촉구하는 국민모임'(국민모임)을 만들어 지역 기반의 거대 보수 야당과 통합진보당 사태로 풍비박산이 난 진보 정당을 대신할 수 있는 '새로운 대중적인 진보 정당' 건설을 주장하고 나섰습니다.

이 실험은 기성 진보 세력 말고도 정동영 전 의원 등 민주당의 '진보파'를 포괄하려 했고, 정동영이 새정치민주연합을 탈당해 합류하는 등 주목을 받았습니다. 그러나 여러 시행착오와 당과 상의하지 않은 정 전 의원의 일방적인 관악을 보궐 선거 출마 선언, 패배, 잠적 등으로 동력을 상실하고 말았습니다(그 뒤 정 전 의원이 철새처럼 안철수에게 가 전주에서 출마

한다는 소식을 접하고 저희 둘의 오랜 관계와 관악을 보궐 선거 출마에 관련된 비화를 다룬 긴 글 〈정동영을 지우며〉를 써서 언론에 발표하려 했습니다. 그러나 국민모임의 김세균 대표와 양기환 사무총장 등이 간곡히 말려 포기하고 말았습니다. 그렇지만 관악을 출마 등 정동영과 국민모임의 관계를 역사에 정확히 남겨야 하는 만큼, 적당한 시기에 이 글을 발표할 생각입니다). 결국 국민모임은 노동정치연대, 노동당 내 통합파인 진보결집 플러스 등하고 함께 4자 통합을 거쳐 원내 진보 정당인 정의당과 합당하고 말았습니다.

어쨌든 저도 이런 취지에 동의해 국민모임에 참여했습니다. 여러 진보적 사회운동을 하면서도 현실 정치에는 거리를 두던 고집도 버리고 직접 정당 활동을 돕기로 했습니다. 그리고 직접 정치 활동에 나선 만큼 정치 평론을 쓰는 것은 적합하지 않다고 생각해서 오랫동안 《경향신문》에 써온 고정 칼럼을 중단하는 등 모든 정치 평론을 그만뒀습니다. 이렇게 1년 넘게 칼럼을 쓰지 않았습니다. 그러다가 미르 사태 등 박근혜의 비리가 터진 뒤 이 문제를 비판하는 글을 쓰려는 사람이 없다며 부탁을 해와서 다시 칼럼을 쓰기 시작했습니다. 이어 촛불혁명이 터지면서 여러 칼럼을 쓰게 됐습니다. 그러나 절대량은 과거에 견줘 크게 줄었습니다.

지난 4년간 쓴 글을 모아놓고 보니 가장 먼저 떠오르는 말은 '먹물의 자괴감'입니다. '미네르바의 부엉이는 해가 져야 날기 시작한다'는 게오르크 빌헬름 프리드리히 헤겔이 한 유명한 말입니다. 해가 져서야 날기 시작하는 지혜의 신 미네르바의 부엉이처럼, 사건을 예측하고 갈 길을 알려주는 것이 아니라 사건이 다 끝나고 나야 비로소 폼을 잡으며 사후적 설명이나 할 줄 아는 지식인은 무능합니다. 대중의 힘과 정치의 역동성을 읽지 못하는 먹물의 한계입니다. 두 사건이 특히 그렇습니다.

먹물의 한계를 느끼게 한 첫 사건은 2016년 총선입니다. 야당은 2012년 대선에서 박근혜에게 패배한데다가 질 수 없는 2014년 지방선거도 패했습니다. 그러나 안철수는 새정치민주연합을 탈당해 국민의당을 만들었고, 2016년 총선에서는 야권 연대를 거부한 채 독자 노선을 고집했습니다. 저는 총선 선거일 직전에 야권의 절대 우세 지역인 호남에서는 독자 노선으로 경쟁하더라도 경합 지역인 수도권과 새누리당의 절대 우세 지역인 영남에서는 야권 연대를 해야 한다고 호소하는 공개서한을 썼습니다. 그러나 선거 결과는 야권 분열이라는 불리한 지형 속에서도 야권의 승리로 끝나고 말았습니다. 야권 분열 때문에 여권이 승리할 수도 있다고 염려한 수도권 유권자들이 지역구 후보는 새정치민주연합 후보에 투표하고 비례대표는 국민의당에 투표하는 식으로 전략적 투표를 하면서 제 염려를 한낱 기우로 만들어버렸습니다.

다른 하나는 촛불입니다. 2007년 대선에서 패배한 뒤에도 민주당과 자유주의 정치 세력은 뼈를 깎는 자기 혁신을 하지 않았고, 그 결과 2012년 대선도 지고 말았습니다(최근 적폐 청산에서 나타나듯이 2012년 대선은 부정한 관권이 개입한 '부정 선거'인 사실은 맞지만, 이 문제는 또 다른 사안입니다). 그러나 그 뒤에도 제대로 된 자기 혁신이 보이지 않았고, 2017년 대선 전망도 불투명한 상황이었습니다. 박근혜 시대에 저는 박근혜 정부를 향한 비판 못지않게 제구실을 하지 못하는 야당에 혁신을 촉구하는 글을 썼습니다. 그러나 촛불은 제 비관론을 비롯해서 이 모든 것을 바꿔버렸습니다. 그리고 조기 대선을 거쳐 문재인 정부가 출범했습니다.

그러나 제가 글에서 표명한 염려는 여전히 유효하다고 생각합니다. 특히 문재인 정부의 성공과 촛불혁명의 완성을 위해 그렇습니다. 우리에게는 안이한 현실 미화가 아니라 지적 비관에 기초한 냉철한 현실 분석이 필요합니다. 안토니오 그람시의 말대로, 우리에게 필요한 것은 '지적 비관과 의지의 낙관'입니다.

2017년 겨울

서강대학교 연구실에서

후기

이 책의 초고를 편집하던 중 정년 퇴임 강연을 하게 됐고, 여러 언론이 큰 관심을 보여줬습니다. 그래서 그중 《프레시안》에 실린 인터뷰를 함께 싣기로 했습니다. 고별 강연에 참석하지 못한 사람들이 그 내용을 얻을 수 없느냐고 문의들을 해서 인터뷰를 싣는 김에 강연도 실었습니다.

1부

유신 공주의 어둠

노예인가 주인인가

'나를 잊지 마세요.' 물망초의 꽃말이다. 그렇다. 대선 때만 되면 북한은 나를 잊지 말라고 자신의 존재를 알려온다. 1987년 칼기 폭파 사건이 대표적예다. 이번에도 북한은 로켓 발사로 자신의 존재를 알려왔다.

정말 이해가 되지 않는다. 로켓 발사가 자기들이 싫어하는 냉전 보수 세력을 돕는 것이라는 사실을 모를 정도로 북한 지도층이 대대손손 멍청한 걸까? 아니면 겉으로는 대립하지만 실질적으로는 안보 논리로 국민들을 통제하기 위해 우리의 냉전 정권은 북한에 군사 세습 정권이 필요하고 북한은 남한에 냉전 보수 정권이 필요한 적대적 상호의존 관계 때문에 냉전보수 세력이 이기기를 바라는 걸까? 아니면 자신의 행동으로 어느 쪽이 득을 보느냐는 관심이 없고 단순히 몸값을 올리기 위해 가장 극적인 순간에 '나를 잊지 말라'고 시위를 하는 걸까? 답답한 일이다. 그나마 다행인 것은 북한이 이명박 정부를 교묘하게 속임으로써 입만 열면 안보를 이야기하는 냉전 보수 세력들이 얼마나 안보에서도 무능한지를 보여준 것이다.

역사적인 2012년 대선이 이틀 뒤로 다가왔다. 바라던 후보 단일화에도 불구하고 기대감보다는 불안감이 앞선다. 단일화의 과정을 비롯해 야권이 제대로 선거운동을 했다면 이런 불안감은 없었을 것이다. 그러나 단일화 과정을 포함해 야권은 선거 과정에서 한 번도 국민들을 진정으로 감동시키지 못했다. 이명박 정부 5년에 대한 국민의 절망감 덕분이 아니라면 지금 같은 판세를 유지하기도 불가능했을 것이다.

특히 안타까운 것은 문재인 민주통합당 후보 진영의 무능이다. 그들은 제대로 된 혁신의 모습을 보여주지 못함으로써 무능을 넘어서 과연 혁신의 의지라도 갖고 있는지 의심을 하게 만들고 있다. 국민을 분노시켰고 안철수 전 후보가 지적한, 국회의원 세비 인상만 해도 그렇다. 민주통합당은 새누리당과 담합해 이번 국회부터 세비를 20퍼센트 인상했다가 비판을 받자 이달 초 세비를 30퍼센트 삭감하는 법안을 제출했다. 그러나 새누리당이 "예산 심의 과정에서 민주통합당 소속의 예산결산소위 위원장이 내년 세비를 3퍼센트 다시 인상하는 안을 슬그머니 통과시켰는데 운영위 전체 회의에서 새누리당이 동결하는 것으로 수정해 내년도 세비를 동결시켰다"고 폭로함으로써 세비 삭감은 '정치 쇼'라는 비판만 받고 말았다. 정치권에 대한 국민적 분노가 하늘을 찌르고 있는 상황에서 또다시 세비 인상이라니, 이게 제정신인 정당인가? 이런 혁신 의지의 부재와 무능을 보고 있자니 설사 이번에 민주통합당이 승리하더라도 과연 앞으로 5년간 나라를 제대로 이끌어갈지 걱정부터 앞선다.

그러나 어쩔 것인가, 다른 대안이 없는 것을. 그렇다면 앞으로 남은 것은 무엇일까? 우선 문 후보와 민주통합당이 늦었지만 국민을 움직일 수 있는 혁신 카드를 내놓아야 한다. 안철수 전 후보도 지금까지 보인 것 같은 흐리멍덩하고 선문답 같은 방식이 아니라 결정적인 마지막 한 방을 문 후보를 위해 날려줘야 한다. 얼마나 도움이 될지 모르지만, 이정희 통합진보당 후보도 조건 없이 사퇴해서 정권 교체를 돕는 모습을 보여줘야 한다. 이 후보는 지난번 이 지면에서 필자가 예측한 대로 어제 제3차 텔레비전 토론을 앞두고 전격 사퇴했다.

그러나 이런 모든 조건에도 불구하고 결국 문제는 투표율이다. 특히 투표율이 낮은 청년층이 투표장으로 쏟아져 나와야 한다. 유명한 프랑스의 정치철학자 장 자크 루소는 선거로 선출된 정치인이 민의를 대변해서 지배하는 현대 대의민주주의 제도에 대해 '투표를 할 때만 주인이 되고 선거만 끝나면 노예로 돌아가는 제도'라고 혹평한 적이 있다. 맞는 이야기인지 모른다. 특히 선거 때는 별별 감언이설을 늘어놓다가도 선거만 끝나면 표변하는 한국의 정치꾼들을 보면 그렇다. 그러나 곰곰이 생각해보면, 루소의 논리를 따르더라도 최소한 투표를 할 때만은 우리가 노예가 아니라 주인이 된다는 의미가 아닌가? 따라서 투표를 통해 최소한 19일만은 주인이 될 것인가? 아니면 기권함으로써 투표일에도 노예로 남아 있을 것인가? 선택의 순간이다.

《경향신문》 2012년 12월 17일

노무현의 저주? MB의 저주?

기적은 없었다. 아니 기적은 있었다. 민주통합당이 그렇게 감동 없고 죽을 쑤는 선거운동을 하고도 2012년 대선에서 박근혜에게 3퍼센트밖에 지지 않은 것은 기적이다.

그리고 개인적으로 선거 결과에 실망은 했지만 '멘붕' 상태는 아니다. 황석영 작가처럼 "선거에서 지면 프랑스로 이민 가 밥장사나 하겠다"고 대중들에게 으름장을 놓을 정도로 선거 결과에 목매지는 않았기 때문이다(황작가가 2007년 대선 때도 이명박이 당선되면 세상이 끝장날 것처럼 난리를 치다가 정작 이명박 정부가 들어서자 이 대통령을 따라 해외 순방까지 간 전력을 생각하면, 얼마 뒤 이민이 아니라 박근혜 대통령을 따라 해외 순방이나 가지 말기를 빈다. 충정은 이해하지만 제발 책임도 지지 않을 이민 운운하는 협박으로 대중을 윽박지르는 지식인의 사기는 그만하자).

물론 문재인 후보의 패배는 노령화에 따른 보수적인 5060세대의 증가 등 구조적 원인이 작동한 것은 부인할 수 없다. 그러나 그 이상으로 중요한 요소는 민주통합당의 주체적 대응이다. 제1 수권 야당은 무능하기 짝이 없는데다가 집권당 이상으로 현실에 안주해 자기 개혁을 하지 않았다. 그리고 기껏 한 일이 '구원자 안철수'만 쳐다보고 있었으니 패배는 당연한 결과다. 이번 선거 결과를 요약하라면 나는 '노무현의 저주'이자 '이명박의 저주'라고 부르고 싶다.

새누리당의 전신인 한나라당은 2002년 대선 패배와 2004년 탄핵 사태에서 민심의 심판을 받으며 천막 당사로 이사 가는 등 뼈를 깎는 혁신의 모습을 보여줬다. 그러나 민주당은 2007년 대선과 2008년 총선에서 참패하고도 혁신의 모습을 보여주지 못했다. 그런 상황에서 발생한 사건이 노무현 전 대통령의 죽음이다. 노 전 대통령의 비극적인 죽음은 동정심을 불러일으키면서 민주당의 지지율을 상승시켰다. 그러자 민주당은 현실에 안주해버렸다. 노 전 대통령은 목숨을 던져 위기에 처해 있는 민주당을 구원했지만 민주당을 안주하게 만듦으로써 혁신의 기회를 박탈하고 말았다.

이어진 것은 이명박 정부의 실정이다. 이 대통령이 나라를 엉망으로 만들고 지지율이 떨어지면서 민주당은 더욱 현실에 안주하고 말았다. 특히 이 대통령 덕으로 지방 선거에서 승리하면서 기고만장해졌다. '노무현의 저주'이자 '이명박의 저주'인 셈이다.

중요한 것은 민주통합당이 현실에 안주하다가 올 봄(2012년) 총선에서 충격적인 패배를 하고도 혁신을 하지 못했다는 사실이다. 충격적인 패배에도 불구하고 낡은 이해찬-박지원 체제가 다시 등장했다. 불행하게도 민주통합당의 무능과 개혁 의지 실종의 중심에는 문재인 후보 자신이 자리 잡고 있다. 민주통합당의 대통령 후보가 확정했을 때 개인적으로 이 지면을 통해 문재인 후보의 성패는 이해찬과 박지원의 2선 퇴진을 포함한 민주통합당의 혁신이라고 주장했지만, 문 후보는 혁신에 전혀 성공하지 못했다. 아니 시도하지도 않았다.

또한 이 지면을 통해 박근혜 후보가 새누리당으로 당명을 바꾸고 그토록 싫어하는 빨간색으로 당의 상징색을 바꾸고 있을 때 민주당은 바꾸는 척하는 '쇼'도 못하느냐고 비판했지만, 끝내 '쇼'조차 못하고 대선을 끝냈다. 이해찬의 2선 퇴진도 안철수가 배수진을 치자 마지못해 수용한 것이다. 문 후보는 막판에 "마누라 빼고 다 바꾸겠다"고 약속했지만 무엇 하나 바꾸는 모습을 보여준 것이 없다. 사실 박 후보가 패배 때 정계 은퇴를 약속하고 배수진을 치고 있을 때 문 후보는 의원직조차 던지지 않았다.

그러고도 3퍼센트밖에 안 졌으니 기적이 아니고 무엇인가? 게다가 선거에서 패배하자 대단한 새로운 발견이라도 한 양 "민주당만으로는 새 정치를 제대로 하기 어렵고 정권 교체도 어렵다는 걸 이번 선거에서 확인했다"니, 그동안 민주당에 가해진 비판들에 귀를 막고 있었던 것인지 화가 난다.

민주통합당은 천막 당사를 넘어 토굴 당사 수준의 완전한 해체와 발본적인 혁신 없이는 미래가 없다. 발본적 혁신만이 대선 결과를 새누리당에 '박근혜의 저주'로, 민주통합당에 '박근혜의 축복'으로 만들 수 있을 것이다. 그러나 어차피 그럴 능력이나 의지가 없는 민주통합당의 대수술을 누가 이끌 것인가?

《경향신문》 2012년 12월 24일

안철수를 다시 생각한다

기이하다. 민주당을 보고 있노라면 과연 이 당이 바로 얼마 전 대선에서 패배한 정당인가 하는 의심을 지울 수 없다. 물론 말로는 "정권 교체를 바라는 국민의 뜻을 저버린 역사의 죄인" 운운하며 혁신을 이야기하고 있다. 그러나 진정성도, 절박감도 느낄 수 없다. 당권 등을 놓고 벌어지는 친노-비노의 대립을 보고 있자면 오히려 경기에서 이긴 승자들이 전리품을 놓고 벌이는 싸움으로 착각이 들 정도다.

대선 이후 민주통합당이 가장 먼저 해야 할 일은 패배 원인에 대한 냉철한 분석이다. 그리고 이 문제에 대해서는 다양한 진단이 가능하기 때문에 다양한 입장들이 치열한 논쟁을 벌여야 한다. 그러나 그런 것 같지 않다. 주목할 것은 안철수 관련 공방이다. 안 후보 측이 안철수로 단일화됐으면 승리했을 것이라는 발언을 하면서 벌어지고 있는 안철수 진영과 민주통합당 간의 공방을 보고 있노라면 그 유치한 수준에 화가 치민다. 단일화 과정의 자세한 내막은 알 수 없지만 단일화 과정 자체가 정치이고 권력 투쟁이다. 따라서 후보 사퇴가 자폭이든 아니면 패배든, 여기에서도 이기지 못한 안 후보가 본선에 나갔으면 이겼을 것이라는 생각은 망상이다.

사실 최근의 여론조사 결과에 따르면 문재인 후보가 패배한 이유로 가장 많은 사람들이 "야권 후보 단일화가 기대에 미흡해서"라고 답하고 있는바, 이런 아름다운 단일화의 실패에는 어느 날 갑자기 후보 사퇴를 선언하더니 그 뒤에도 선문답 같은 문 후보 지지 운동으로 일관한 안철수 후보도 상당한 책임이 있다. 결국 필요한 것은 양 진영 간의 유치한 논쟁이 아니라 1997년 대선과 2002년 대선하고 달리 이번 단일화가 제대로 되지 않은 이유에 대한 냉철한 분석이다. 이 작업을 위한 기초 자료로 양 진영은 단일화 과정을 공동으로 백서로 정리해 공개해야 한다.

여기에 못지않게 중요한 것은 이번 대선에서 안철수 변수가 어떤 작용을 했는지에 대한 엄밀한 분석이다. 안 후보는 여론조사 등에서 박근혜 후보를 누르면서 박근혜 대세론을 흔들어준 중요한 공이 있다. 또한 정치적으로 소극적인 2030세대를 선거로 끌고 나온 공이 있다. 그러나 이것들이 안철수의 '빛'이라면 '그림자'도 만만치 않다. 우선 민주통합당을 자기 혁신하고 대선을 위해 전력투구하는 정당이 아니라 '구세주 안철수'만 바라보고 있는 수동적 존재로 만들어버리고 말았다.

지난 주 이 칼럼('손호철의 정치비평')에서 지적했듯이 노무현 전 대통령의 비극적인 죽음과 이명박 대통령의 실정이 민주통합당의 지지율을 상승시켜 혁신의 기회를 가로막는 '노무현의 저주'와 'MB의 저주'로 작동했듯이 '안철수의 저주'가 작동한 것이다. 그러나 안철수는 또 다른 측면에서 여기에 못지않게 민주통합당에 부정적으로, 박근혜 후보에 유리하게 작동하고 말았다. 아니 어떤 대상에 대한 유불리를 떠나 이번 대선을 엉뚱한 방향으로 끌고 가고 말았다.

이번 대선에서 우리는 비정규직, 청년 실업, 영세 자영업자 등 김대중, 노무현, 이명박 정부 15년 동안 시장 만능의 신자유주의 때문에 파탄된 민생에 대한 대안, 특히 2008년 세계 금융위기로 파탄난 신자유주의 모델을 대신할 대안 체제를 놓고 국민적 논쟁을 벌여야 했다. 그러나 안철수 때문에 그렇게 되지 못한 측면이 강하다. 구체적으로 안철수라는 후보의 존재 이유 자체, 나아가 안철수의 선거 공약이 이런 과정을 상당히 가로막았다. 안철수의 정치적 근거는 정치 불신에 기초한 정치 개혁이었고, 당연히 이 사안을 핵심 공약으로 들고 나왔다.

물론 정치 개혁은 중요하다. 그러나 더 중요한 것은 의원 수를 줄이기가 아니라 민생 문제다. 민생 문제를 제대로 해결한다면 의원 수가 좀 많은들 무슨 상관인가? 따라서 이 문제를 중심으로 여야가 경쟁을 벌여야 했는데, 안 후보가 등장하면서 지방 선거, 서울시장 주민투표 등 지난 몇 년의 선거에서 중심 쟁점으로 부상한 복지와 민생 문제가 의원 수 축소 등 정치 개혁에 밀려 관심 밖으로 멀어지고 말았다. 민생 문제에 상대적으로 취약한 한나라당의 입장에서는 손해보지 않는 장사였다. 한마디로, 또 다른 '안철수의 저주'였다.

《경향신문》 2013년 1월 8일

진보 정당과 연합 정치

현대 사회과학의 중요한 쟁점 중 하나는 의도와 전혀 다른 결과가 역사를 움직이는 '의도하지 않은 결과'다. 이정희 통합진보당 대선 후보의 텔레비전 토론이 좋은 예다.

이 후보는 대선 토론이 지지자들을 위한 카타르시스의 장이 아니라 부동층을 설득해 유인하는 장이라는 것을 망각한 채 박근혜 후보를 떨어뜨리기 위해 나왔다고 공언하는 등 지나치게 공격적인 자세를 보였다. 그 결과 의도와는 정반대로 박 후보 당선의 일등공신이 되고 말았다. 한 여론조사 결과 이 후보의 공격적인 텔레비전 토론 태도가 보수 표심이 집결하는 가장 중요한 원인으로 지목된 것이 이 점을 잘 보여주고 있다.

그러나 이번 대선 결과에는 이 후보의 공격적 태도를 넘어서 한국 진보 정당의 문제점, 나아가 민주당과 진보 정당이 추구해온 연합 정치라는 좀 더 뿌리깊은 문제가 자리잡고 있다. 대선 직전 이 지면에 쓴 〈김소연을 아시나요〉라는 글에서 나는, 1997년 대선과 2002년 대선에서 진보 정당은 권영길 후보를 내세워 독자 노선을 걸었지만 민주당이 승리했으며 이런 독자 노선이 진보 정당 발전에 기여했을 뿐 아니라 정치 공학적으로도 김대중 후보와 노무현 후보의 승리에 오히려 도움을 줬다고 주장한 바 있다. 권 후보가 반한나라당 지지층 중 3퍼센트 정도의 지지를 깎아먹었지만, 권 후보의 존재가 김 대통령과 노 대통령에 대한 색깔론을 중화시켜 잃어버린 3퍼센트보다 많은 중도적 표를 얻도록 도와줬다.

이 문제에 관련해 주목할 것이 있다. 권 후보는 민주당과 선거 연합이 아니라 독자 노선을 걸었을 뿐만 아니라 텔레비전 토론에서도 보수적인 이회창 후보만 공격하지 않았다는 점이다. 권 후보는 김대중 후보와 노무현 후보도 공격함으로써 두 사람이 보수 세력이 공격하듯이 진보적이지 않다는 것을 보여줘 중도층을 안심시켰다. 그러나 이정희 후보는 전혀 다른 전략을 썼다. 문재인 후보는 공격하지 않고 모든 화력을 박근혜 후보에게 집중함으로써 보수층과 중도층에게 "문재인과 이정희는 한패"라는 인식을 주고 말았다.

이런 등식이 더욱 문제가 된 것은 이정희 후보와 현재 통합진보당에 남아있는 구 민주노동당 주류 세력이 북한 세습에 대한 비판을 거부하고 북한 핵개발을 옹호하는 등 '종북적'이라는 비판을 받아왔고, 이런 문제들에 더해 특히 부정 선거 등 도덕적 문제들이 지난해 통합진보당 사태로 국민들의 집중적인 비판을 받은 때문이었다. 뿐만 아니다. 이 세력을 비판하며 분당한 진보신당이 2010년 지방 선거와 2012년 총선에서 독자 노선을 건은 반면, 이 후보와 민주노동당은 이 두 선거에서 민주당과 손을 잡고 선거 연합을 한 전력이 있다. 물론 이번 대선에서 민주당은 통합진보당 사태가 터지고 분당이 되자 종북 이미지가 없는 심상정 진보정의당 후보와는 손을 잡으면서도 종북 이미지가 강한 통합진보당의 이정희 후보와는 끝까지 정책 연합을 하지 않았다.

그러나 그동안 이정희 후보와 선거 연합을 맺은 전력, 그리고 텔레비전 토론에서 보여준 이정희 후보의 토론 전략 등 때문에 민주통합당은 자기들이 통합진보당과 다르다는 것을 설득해 중도적 유권자들을 견인하는 데 실패하고 말았다. 게다가 북한이 같은 '세습 권력'인 박근혜 후보를 도와주고 싶은 듯 선거 직전에 로켓까지 쏘아 올리자 중도층은 더욱 박근혜 쪽으로 쏠리고 말았다. 다시 말해, 이번 대선 결과에는 북한의 모험주의, 한국 '다수파' 진보 정당의 종북주의, 다수파 진보 정당과 민주당의 연합 정치 노선도 중요한 역할을 한 것이다.

민주당은 민주노동당과 선거 연합을 맺어 2010년 지방 선거에서 승리할 수 있었다. 한마디로 '연합 정치의 축복'이었다. 그러나 종북적 이미지의 진보 정당과 연합 정치를 실행한 전력은 대선에서는 오히려 '연합 정치의 저주'가 되고 말았다. 이번 선거를 통해 우리는 두 가지를 배워야 한다. 우선 진보 정당은 종북적 노선을 벗어나고 새로운 21세기적 진보 정당으로 변신해야 한다. 또한 민주당 같은 자유주의 정당과 진보 정당은 낡은 민주대연합론에 기초한 연합 정치 만능론을 벗어나 어떤 정당과 언제, 어떤 연합을 할 것인지를 엄밀하게 다시 생각해야 한다.

《경향신문》 2013년 1월 14일

벌써 2017년이 걱정이다

대선이 끝난 지 한 달 남짓이 지났다. 박근혜 정부는 아직 출범도 하지 않았고, 이명박 대통령의 임기도 거의 한 달이나 남아 있다. 그러나 박근혜 정부가 출범해서 꽤 긴 기간이 지나간 기분이다. 박근혜 정부가 출범도 하지 않았건만 벌써 걱정이 태산 같다.

그러나 최근 내가 하는 가장 큰 걱정은 민주통합당 지지자 등 대선에서 정권 교체를 바란 48퍼센트 중 많은 사람들처럼 앞으로 박근혜 정부 5년을 어떻게 지낼까 하는 걱정이 아니다. 요즈음 가장 큰 걱정은 앞으로 박근혜 정부 5년이 아니라 오히려 그 5년 뒤인 2017년 대선이다. 아니 2017년 대선에서 패배한 뒤 또 한 차례의 5년을 어떻게 보내야 할까 하는 걱정이다. 5년 뒤에 희망이 있다면 5년을 참고 견딜 만하다. 그러나 '희망 없는 기다림'이야말로 정말 고통스러운 일이다.

그렇다. 민주통합당을 보고 있자니 5년 뒤인 2017년 대선에서도 별 희망이 없어 보인다. 물론 2017년 대선은 박근혜 정부가 어떻게 5년간 국정을 운영하느냐에 크게 달려 있다. 따라서 벌써 2017년 대선을, 특히 2017년 대선 패배를 이야기하는 것은 황당하게 들릴지 모른다. 그러나 이명박 정부가 그렇게 죽을 쑤고 민심이 떠났는데도 총선과 대선에서 패배한 민주통합당이 설사 박근혜 정부가 5년간 죽을 쑨다고 해도 2017년 대선에서 승리할 수 있겠는가? 별로 그럴 것 같지 않다. 특히 2017년 대선에서도 희망을 가질 수 없는 이유는 대선 패배 뒤 민주통합당이 보여주고 있는 한심한 태도 때문이다.

민주통합당에 지난 2012년 총선에 이은 대선 패배는 '비상한 상황'이다. 그리고 '비상한 상황'은 '비상한 해법'을 요구한다. 그러나 민주통합당은 현 상황을 전혀 비상한 상황으로 느끼고 있는 것 같지 않다. 물론 민주통합당은 대선 패배 뒤 비상대책위원회를 출범시켰다. 이런 모습은 민주통합당이 현상황을 비상사태로 인식하고 있다는 것을 보여준다. 그러나 이름만 비대위일 뿐 비대위 위원장 선출부터 비상한 해법에서 거리가 멀다. 무난하고 덕 있는 원내 중진 의원을 위원장으로 내세워 무슨 비상한 해법이 나올지 답답하기만 하다.

최근 출범한 대선평가위원회만 해도 그렇다. 민주통합당은 대선평가위원장에 지난 대선에서 안철수 캠프에서 활동한 한상진 교수를 임명했다. 고도의 정치적 판단이 있었는지 모르지만, 대선 평가의 핵심 쟁점인 단일화 과정의 문제점을 다룰 위원회에 안철수 캠프 핵심 관계자를 임명한 것은 상식적으로 이해가 되지 않는다. 한마디로 경기에서 한 팀의 선수로 뛴 사람이 문제의 시합에 대한 심판을 보는 코미디 같은 상황을 연출하고 있는 것이다.

모든 일에는 내용과 형식이 있다. 그런데 민주통합당은 내용도 내용이지만 형식도 문제다. 아무리 혁신을 한다고 해도 국민이 알아주지 않으면 무슨 소용이 있는가? 그런데 현재 국민 중에 민주당이 대선 패배를 반성하고 뼈를 깎는 자기 혁신을 하고 있다고 생각하는 사람이 누가 있는가? 한나라당은 2002년 대선과 2004년 총선 패배 뒤 천막 당사로 옮겨 뼈를 깎는 '쇼'를 연출했다. 민주통합당도 이것을 본받아 천막이 아니라 토굴 당사라도 들어가는 모습을 보여줘야 한다고 충고했지만, 그런 모습은 전혀 보여주지 않고 있다.

현재의 민주통합당을 보고 있자니, 2017년 대선과 그 이후를 위해 민주통합당을 변화시켜 제대로 만드느니 새누리당의 차기 주자를 개혁적으로 만들어내는 일이 훨씬 더 쉬울 것이라는 결론을 내리지 않을 수 없다. 따라서 정권 교체를 바라는 사람들의 유일한 희망은 '메시아 안철수의 귀환'을 목매어 기다리는 것인가?

사실 이제 남은 선택은 두 가지뿐이다. 안철수, 나아가 진보정의당의 심상정과 노회찬 등이 들어가 민주통합당을 안에서 점령해 파괴해서 완전히 새로운 정당으로 만드는 '내파'인가, 아니면 외부에 새로운 정당을 만들어 민주통합당을 파괴하고 대체하는 '외파'인가. 다른 대안은 없어 보인다. 나는 벌써부터 2017년이 걱정이다.

《경향신문》 2013년 1월 28일

제3의 길을 다시 생각한다

소련과 동구의 패망과 사회민주주의의 위기 이후 유행한 것이 '제3의 길'
이다. 영국의 토니 블레어 전 총리로 대변되는 이 제3의 길은 신자유주의
도 아니고 사회민주주의도 아닌 중간 노선을 지칭하는 말로, 사실상 사회
민주주의의 포기와 신자유주의를 향한 투항에 가까운 것이었다. 그러나
진정한 제3의 길은 그런 우경적 노선이 아니라 자본주의도 아니고 그렇다
고 문제 많은 현실 사회주의도 아닌, 제3의 대안을 의미하는 급진적 노선
이라 할 수 있다.

　그런 노선의 가능성을 보여준 것이 1955년에 열린, 흔히 반둥 회의라고
부르는 '아시아-아프리카 회의'였다. 아시아와 아프리카의 신생국들이 모
인 이 회의는 서구 자본주의와 이것의 다른 얼굴인 제국주의와 식민주의,
그리고 소련의 관료적 사회주의와 새로운 사회주의적 제국주의에 대항해
'제3세계'의 '제3의 길'을 선언하고 나섰다. 미국을 중심으로 한 자본주의

진영과 소련을 중심으로 한 사회주의 진영하고 구별되는 '비동맹'이라는 대외 정책 노선을 중심으로 논의를 진행한데다가 국내 정치 체제와 경제 체제의 제3의 대안은 별로 보여주지 못한 한계를 갖지만 말이다.

지난주 내가 근무하는 서강대학교와 인도네시아 국립대학교 사이의 한국학 관련 협력 문제로 인도네시아를 방문할 기회가 생겼다. 이 기회를 살려 1950년대 제3의 길의 흔적을 살펴보기 위해 시간을 내어 반둥을 찾았다. 수도 자카르타에서 3시간 거리인 이 고산 도시는 역사적인 회의 장소를 아시아아프리카 박물관으로 개조해 잘 보존하고 있었다. 박물관에 들어서서 회의를 이끈 인도네시아의 아크멧 수카르노, 인도의 자와할랄 네루, 중국의 저우언라이, 이집트의 가말 압델 나세르, 가나의 콰메 은크루마, 유고의 요시프 브로즈 티토를 찍은 사진과 자료들, 역사 깊은 회의장을 둘러보자 많은 생각들이 스쳐갔다.

반둥 회의 이후 중국과 인도의 국경 분쟁 등 회원국들 사이의 갈등이 심화되면서 제2차 회의는 무산됐다. 그러나 신생국이 계속 늘어나면서 반둥 회의를 계기로 등장한 '비동맹 그룹'은 점차 세를 더해 국제 정치의 한 축을 형성해왔다. 물론 친미 노선을 추구한 우리는 이런 운동에 거리를 둔 반면 북한은 뒤늦게 여기에 참여해 발언권을 행사했다. 그러나 이런 운동은 제3의 대안을 보여주지 못하고 대부분 김일성의 북한 같은 독제 체제로 변질됐다.

나아가 소련 동구의 몰락과 함께 '제2세계'가 사라지지면서 사실상 세계는 자본주의라는 '제1의 길'로 평천하가 됐다. 그것도 가장 악랄한 형태인 신자유주의로 말이다. 회의를 주도한 나라들을 보더라도 격세지감을 느끼지 않을 수 없다. 중국은 '중국적 특색을 가진 사회주의'라는 이름으로 사회주의를 고수하고 있지만 사실상 신흥 자본주의 국가로서 미국의 패권에 도전하며 새로운 패권 국가로 빠르게 부상하고 있다. 인도도 신흥 자본주의 강국으로 발돋움하는 중이다. 인도네시아는 값싼 노동력에 기반한 한국의 봉제 공장으로 변화했고, 유고는 인종 문제로 갈가리 찢겼다. 은크루마의 가나는 많은 다른 아프리카 국가들처럼 잦은 정변과 가난을 벗어나지 못하고 있다.

반둥에서 이런 생각에 잠겨 있는데 들려 온 것이 북한의 핵 실험 소식과 인도네시아 정부의 비판 성명이었다. 반둥 회의에는 참석하지 않았지만 이 회의가 상징하는 비동맹 운동에 깊이 관여한 북한은 사실상 '군사 세습 왕조'로 전락해 체제 생존이라는 이름 아래 핵무기 개발에나 열을 올리고 있으니 답답하기만 하다. 비동맹 운동의 오랜 동지인 인도네시아가 핵 실험을 비판하는 성명을 발표한 것도 많은 생각을 하게 한다.

결국 비동맹 운동과 제3의 길은 실패했다. 그러나 그 문제의식만은 아직도 유효하다. 국제적으로는 우리의 미래가 지금 같은 팍스아메리카가 계속되든 중국이 주도하는 팍스차이나가 되든, 반둥 회의가 내걸었던 평화 공존과 평등 호혜의 정신은 지금 그 어느 때보다도 필요하다. 정치경제적으로도 이미 멸망한 현실 사회주의도 아니고 한계에 이른 자본주의도 아닌, 제3의 길이 어느 때보다도 절실하다. 그 길은 어디에 있는 것일까?

《경향신문》 2013년 2월 18일

박근혜와 링컨

박근혜와 에이브러햄 링컨. 언뜻 보기에 잘 어울리지 않는 한 쌍이다. 물론 박근혜 대통령이 링컨처럼 역사에 남는 위대한 대통령이 되지 말라는 법은 없지만, 링컨이 가난한 농부의 아들로 노예를 해방시킨 진보적 정치인이었다면 박 대통령은 대통령의 딸 출신인 대표적인 보수적 정치인이라는 등 다른 점이 많기 때문이다.

박 대통령의 취임식을 보면서 떠오른 것이 엉뚱하게도 링컨 대통령이었다. 그리고 우연인지 박 대통령이 취임하는 바로 그날, 스티븐 스필버그 감독의 〈링컨〉에서 링컨 대통령 역을 맡아 열연한 대니얼 데이 루이스가 아카데미 남우주연상을 받았다.

박 대통령 취임식을 바라보면서 왜 하필 링컨 대통령이 떠올랐을까? 그 이유는 링컨 대통령이 한 유명한 게티스버그 연설 때문이다. 잘 알려져 있듯이, 이 연설에서 링컨은 민주주의를 '국민의, 국민을 위한, 국민에 의한 정부'라고 정의했다. 특히 여기에서 주목할 것은 '국민에 의한 정부'와 '국민에 의한 정치'다. 물론 민주주의는 '국민을 위한 정치', 즉 위민_{爲民}주의와 위민 정치여야 한다. 그러나 국민을 위한 정치 자체가 민주주의는 아니다. 예를 들어 한민족 역사상 최고의 성군으로 평가받는 세종 대왕은 백성을 위한 위민 정치를 활짝 꽃피운 위대한 위민 정치인인지 모르지만 민주 정치인은 결코 아니었다. 세종은 왕으로서 저 높은 곳에서 불쌍한 국민들을 내려다보며 밤잠을 설치면서 위대한 위민 정치를 폈지만, 백성들은 여전히 정치 과정에서 배제돼 있었다.

박근혜 대통령의 부친인 박정희 전 대통령도 마찬가지다. 박 전 대통령은 가난한 국민들을 기아에서 해방시켜주고 잘살게 만들어주는, 국민을 위한 정치를 해야겠다고 결심하고 이 결심을 실현시킨 위민주의 대통령이었는지 모른다. 그러나 이런 목표를 위해 독재는 불가피하고 민주주의는 장애물이자 사치라고 생각한, 민주주의에서는 거리가 먼 정치인이었다.

박근혜 대통령은 취임사에서 '국민'을 무려 58번이나 언급했고 국민의 행복에 관련해 '행복'을 20회나 언급했다. 이런 면을 주목하면 박 대통령은 어느 대통령보다도 국민을 생각하는 민주적 대통령인 것처럼 보인다. 그러나 주목할 것은 취임사에서 정작 민주주의, 그리고 민주주의의 핵심인 정치에 대해서는 한마디 언급이 없었다는 사실이다. 결국 박 대통령이 언급한 국민 행복은 '국민에 의한 정치'가 아니라 '국민을 위한 통치'라는 위민주의에 머물고 있는 것이 아닐까 하는 염려를 하게 한다. 다시 말해, 경제를 살리고 국민들의 삶의 수준을 높여주면 될 뿐 과정은 중요하지 않다는 결과지상주의, 결과로서의 국민행복주의에 머무르고 있는 것이 아닐까 하는 걱정이다.

취임사만이 아니다. 그동안 여러 언론이 지적했지만 주요 공직자 인선도 민주적 과정에서는 거리가 멀었다. 그 결과 지지율이 급락했다. 그런데도 본격적으로 정부가 출범하는 과정에서도 인수위원회 시절 불통 인사라며 많은 비판 대상이 된 사람을 다시 중용하는 '오기 인사'를 하고 있다. 여기에서 반드시 짚고 넘어갈 것은 민주주의란 단순히 선거 같은 집권 과정의 민주성만을 의미하지는 않는다는 사실이다. 프랑스 철학자 장 자크 루소의 표현을 빌리자면, 민주주의란 투표를 할 때만 주인이 되고 선거가 끝나면 노예로 돌아가는 제도가 결코 아니다.

정치학 용어에 위임민주주의라는 말이 있다. 선거 과정은 민주적이지만 선거만 끝나면 모든 권력이 대통령에게 위임되고 집중되는 비민주적 체제를 의미한다. 박 대통령이 "내가 민주적 선거로 뽑힌 대통령이니 5년간 내가 하고 싶은 대로 하겠다"는 생각을 갖는다면, 그것은 심각한 문제다. 그럴 경우 박 대통령이 아무리 경제를 살리고 국민의 삶을 개선한다 하더라도 위민 정치일 수는 있지만 민주 정치에서는 거리가 멀다. 아니 21세기의 정부는 단순한 위민 정치로는 경제를 살리고 국민의 삶을 개선할 수 없다.

박 대통령이 성공하려면 민주주의란 단순히 국민을 위한 정부가 아니라 국민에 의한 정부이기도 하다는 링컨의 가르침을 잊지 말아야 한다.

《경향신문》 2013년 3월 4일

안철수, '유시민의 길'을 가려는가

유시민 전 의원이 정계를 은퇴했다. 이렇게 해서 3김 정치 때문에 사당 정치와 지역주의로 왜곡된 한국의 자유주의를 아래에서 시작해 당원이 움직이는 제대로 된 근대적 정당과 탈지역주의로 바로잡으려던 '유시민 실험'도 실패로 끝났다. 사당 정치와 지역주의에 대한 비판적 문제의식의 정당성, 그리고 유시민 개인이 지닌 여러 재주를 생각할 때 안타까운 일이다.

그러나 유시민 실험의 실패는 기본적으로 자초한 측면이 많다. 구체적으로 진정성보다는 단순히 재주에 의존하고, 긴 호흡을 가지고 옳은 길을 뚜벅뚜벅 걸어감으로써 대중의 마음을 움직이는 것이 아니라 눈앞의 작은 이익에 연연한 유 전 의원의 '소탐대실의 정치'에 기인하는 바가 크다. 예를 들어 유 전 의원은 아래에서 시작해 당원이 결정하는 정당을 주장하면서도 정작 정치에 입문할 때는 지역구 결정을 무시한 민주당 지도부의 낙하산 공천에 따라 국회의원이 됐다. 또한 지역주의에 맞서 싸우기 위해 적지인 대구에 내려가 국회의원 출마를 했다가 떨어지자 얼마 뒤 짐을 싸서 올라와 경기도지사에 출마했다. 특히 국회의원 야권 후보 단일화 과정에서 노무현 전 대통령의 생가가 있는 지역구를 놓고 자기 이익만 고집하다가 민심의 결정타를 맞고 말았다.

이 점에서 유 전 의원은 비슷한 목표를 갖고 있었으면서도 정치적 멘토이자 동지인 노무현 전 대통령과는 전혀 다른 길을 갔다. 그리고 그 결과 노 전 대통령 같은 정치적 업적을 쌓지 못했다. 다시 말해 '유시민의 길'은 긴 호흡에서 진정성을 가지고 지역주의 등 한국 정치의 기성 질서에 저항함으로써 '바보 노무현'이라는 말을 들으며 국민들의 마음을 움직이고 대통령 자리까지 오른 '노무현의 길', 즉 작은 것을 버림으로써 더 큰 것을 얻는 '소실대탐의 정치'에 정반대인 '소탐대실의 정치'라는 것이 문제였다.

염려되는 것은 돌아온 안철수 전 서울대학교 교수가 유 전 의원과 비슷한 길을 가고 있다는 점이다. 물론 안 전 교수는 전성기의 유 전 의원에 비교하더라도 훨씬 높은 지지율을 보이고 있는 등 유 전 의원과 다른 점이 많다. 그러나 한국의 전근대적 거대 정당 체제, 특히 전근대적 자유주의 정당에 대한 비판에 기초하는 개혁적 자유주의자라는 점에서, 안 전 교수는 기본적으로 유시민을 계승하고 있다고 할 수 있다. 사실 진성 당원에 기반한 인터넷 정당과 탈지역주의 등 핵심 개혁 내용에서 자신과 중첩되는 안 전 교수의 등장이 유시민의 정계 은퇴 결정을 촉진시켰을 것이다.

그러나 정작 문제는 안 전 교수가 작은 것을 버림으로써 대중들의 마음을 움직이고 이것을 통해 더 큰 것을 얻는 '노무현의 길'과 '소실대탐의 정치'가 아니라 눈앞의 작은 이익에 연연해 더 큰 것을 잃어버리는 '유시민의 길'과 '소탐대실의 정치'로 나가고 있다는 사실이다. 그 증거가 안 전 의원이 적지인 부산을 피해 노회찬 진보정의당 의원이 의원직을 잃어 공석이 된 노원병에 출마하기로 결정한 것이다. 특히 충격적인 점은 안 전 교수가 내세운 논리다.

안 전 교수는 부산 영도를 택하지 않고 노원을 선택한 결정에 대해 "지역주의에서 벗어나 민심의 바로미터인 수도권에서 새로운 정치의 씨앗을 뿌리"기 위해서라고 답했다. 그렇다면 안 전 교수와 정반대로 지역주의와 싸우기 위해 안 전 교수가 민심의 바로미터이기 때문에 출마한다는 수도권, 즉 종로의 의원직을 헌신짝처럼 던지고 적지인 부산으로 내려가 낙선의 길을 걸은 바보 노무현의 길은 자기 출신 지역에서 출마했다는 이유로 지역주의라는 말인가? 노 전 대통령이 무덤에서 벌떡 일어날 모욕적 괴변이다. "노원이 부산보다 당선 확률이 높아서"라고 이야기하면 솔직함이라도 인정해줄 텐데 이런 궤변을 늘어놓으니 할 말이 없다.

현재의 민주통합당은 희망이 없다. 따라서 그 형태가 어찌됐건 안 전 교수를 중심으로 한 야권의 개편이 시급한 것은 사실이다. 그러나 안 전 교수가 노무현의 길이 아니라 유시민의 길을 가는 한 그 한계는 뻔하다. 노무현의 길이냐 유시민의 길이냐, 그것이 안 전 교수와 야권의 미래, 나아가 한국 정치의 미래를 좌우할 것이다.

《경향신문》2013년 3월 18일

국민 허탈 시대

디오게네스라는 그리스 철학자가 있다. 옷 한 벌, 지팡이, 빵 자루 말고는 가진 것 없이 길가에 놓인 통 속에서 사는 디오게네스는 어느 날, 늘 그렇듯이 햇볕을 쬐고 있었다. 그때 이 철학자의 명성을 전해 들은 알렉산더 대제가 찾아왔다.

알렉산더가 "당신에게 무엇인가 해주고 싶은데, 무엇을 원하느냐"고 묻자 디오게네스는 "내 앞에 비치는 햇볕이나 가리지 말아주십시오"라고 답했다고 한다. 요즈음 자주 떠오르는 것이 이 디오게네스다. 또 다른 일화 때문이다. 훤한 대낮에 손에 등불을 들고 다니는 모습을 본 사람들이 의아해서 그 이유를 물어보자 디오게네스가 외쳤다고 한다. "사람을 찾습니다. 어디 사람 없습니까?"

그렇다. 사람 같은 사람이 없는 현실 때문에 디오게네스가 대낮에 등불을 들고 다니게 만든 것과 비슷한 상황이 우리에게도 벌어지고 있다. 정말 박근혜 대통령이 쓰고 싶은 인재 중에 국민의 지탄을 받지 않을 만큼 도덕적으로 문제가 없는 사람이 그렇게 없는 것인가? 새 정부 공직 후보자들의 과거를 보고 있노라면, 디오게네스를 흉내내서 대낮에 등불을 들고 "어디 깨끗한 인재 없소"라고 외치며 전국을 누비고 싶은 심정이다.

물론 위장 전입 등 주요 공직 후보자들의 범법 행위와 부도덕성이 문제가 된 것이 어제오늘 일은 아니다. 그러나 새 정부 공직 후보자들의 부도덕성은 정도를 넘어섰다. 그리고 이 모습을 바라보는 국민들은 "우리의 지도자들이 부도덕한 범법자 집단에 불과하며 법을 지키며 착실하게 살아온 나만 바보"라는 생각에 허탈하기만 하다.

나도 마찬가지다. 허탈감 정도가 아니라 지난 삼사십 년의 우리 역사를 다시 생각하게 된다. 현재 한국 사회의 최고 엘리트인 이 공직 후보자들이 성인이 돼 사회생활을 해온 지난 삼사십 년이 사실은 이 엘리트들의 각종 범법 행위가 일반화돼 판쳐온 비정상의 역사였다는 것을 보여주기 때문이다. 그리고 위장 전입 등 그 '흔한 관행적 비리'마저 하지 못한 나 자신이 뭔가 모자라는 바보처럼 느껴진다.

더욱 염려되는 것은 이 엘리트들, 나아가 사회 전체의 도덕적 불감증이다. 치매가 아니라면 자기 삶을 스스로 잘 알 텐데 부끄러운 오점들이 다 노출될지 알면서도 공직을 수락하고, 오점들이 사회적 쟁점이 돼도 사퇴하지 않고 버티는 도덕적 불감증 말이다. 하도 공직자들의 비도덕성이 일반화되면서 웬만한 허물은 허물이 아닌 것으로 공직 후보자들의, 나아가 우리 사회 전체의 감각이 마비되고 있는 듯하다.

궁금한 것은 왜 유독 새 정부 들어 비도덕적인 고위 공직 후보자가 많아졌느냐다. 애당초 박 대통령과 측근들이 문제 많은 인재만 알고 있기 때문인가? 그게 아니라면 인사 검증 시스템이 그전 정권들에 견줘 엉망이라 이런 사태가 벌어진 것인가? 어느 경우든 문제가 심각하기는 매한가지다.

사실 한심한 북한의 핵 무장이 심각한 안보 위협이 되고 있지만, 여기에 못지않게, 아니 더 심각한 위협은 주요 공직자들의 부도덕성에 따른 국민들의 허탈감이다. 공안 당국은 '북한보다 무서운 내부의 적'을 이야기하지만, 진짜 무서운 내부의 적은 극소수 종북주의자들이 아니라 국민들의 허탈감이다.

박 대통령은 희망의 '국민행복시대'를 여는 것이 국정 목표라고 밝혔다. 뜨거운 박수로 환영할 일이다. 그러나 새 정부의 인사를 보고 있노라면 국민들은 행복하기는커녕 허탈하기만 하다. 국민행복시대가 아니라 '국민허탈시대'다. 국민허탈시대 개막, 만만세! 새 정부에 부탁하고 싶다. 행복하게 만들어주지 않아도 좋으니, 제발 문제 인사들을 공직 후보로 지명해서 국민을 허탈하게 만들지만 말아달라고.

새 정부는 뒤늦게 인사 문제를 사과하고 인사 개혁을 약속했다. 새 정부가 국민허탈시대로 끝나지 않으려면 미봉책에 그치지 말고 인사 시스템을 혁명적으로 개혁해야 한다.

《경향신문》 2013년 4월 1일

차베스가 남긴 과제

베네수엘라 볼리바르 혁명의 주역인 우고 차베스가 세상을 떠났다. 차베스의 죽음은 많은 생각을 떠올리게 한다. 우선 21세기형 사회주의 모델로 주목받아온 볼리바르 혁명의 미래다. 다행히 후계자인 니콜라스 마두로 임시 대통령이 차베스 유고 뒤에 실시한 대통령 재선거에서 승리해 혁명을 이어갈 수 있게 됐다. 그러나 간발의 차이로 승리해 재검표 요구에 시달리고 있는 등 미래가 불투명하다.

그렇지만 차베스의 죽음은 이 수준을 넘어 정치와 혁명에서 인물의 역할에 대해, 나아가 혁명의 제도화에 대해 많은 것을 생각하게 한다. 특히 개인적 경험에 관련해 그렇다. 2004년 12월, 나는 베네수엘라 정부의 초청으로 신자유주의에 맞서 '인류를 지키기 위한 세계 지식인과 예술가들의 모임'에 참석한 적이 있다. 그 뒤 국내에서도 많은 사람들이 베네수엘라를 방문했지만, 그때만 해도 한국 사람으로서는 처음으로 볼리바르 혁명을 직접 보는 기회여서 설레는 마음으로 베네수엘라로 향했다. 거기서 볼리바르 혁명의 여러 측면을 생생하게 보고 배울 수 있었다.

가장 충격적인 것은 차베스를 만난 일이었다. 52개국에서 온 400명의 진보 인사들 앞에 나타나 털어놓는 내공의 깊이와 폭은 내가 만난 그 어느 학자보다도 뛰어났다. 그렇지만 시간이 지나면서 충격은 감탄을 넘어 염려로 변했다. 일정을 무시하고 오후 3시부터 11시까지 8시간 동안 마이크를 놓지 않아 저녁 9시에 열릴 예정이던 대통령 초청 만찬이 자정에야 열리게 된 모습을 보면서 볼리바르 혁명의 미래가 걱정됐다. 한번 마이크를 잡으면 놓지 않는 차베스가 권력을 놓지 않으려 할 것이 너무 자명했다. 차베스는 권력 양도를 통해 자신을 넘어서 혁명이 제도화되는 '혁명의 제도화'라는 길을 택하는 대신 2006년 임기가 끝나기 전에 개헌을 해 계속 권력을 잡으려고 할 것이 뻔해 보였다.

그리고 내 염려대로 차베스는 개헌의 길을 택해 죽을 때까지 권력을 유지했다. 물론 국내외의 위협 앞에서 혁명의 지속이 중요하지 3선 개헌이라는 절차적 측면이 뭐가 그리 중요한 문제냐고 생각할지 모른다. 그러나 여기에는 단순한 절차적 민주주의가 아니라 '혁명의 개인화'인가 '제도화'인가 하는 매우 중요한 문제가 걸려 있다.

물론 인물이 없는 정치란 불가능할 정도로 정치에서 인물은 중요하다. 차베스 같은 지도자가 아니었다면 볼리바르 혁명이 거둔 지금 같은 성과는 불가능했을 것이다. 그러나 지나치게 인물에 의존하는 경우 스탈린주의 같은 개인 숭배를 낳게 된다. 그 극단적인 형태가 봉건 왕조나 다름없는 3대 세습이라는 낯뜨거운 희극을 연출하고 있는 북한이다. 그리고 우리도 경험한 3김 정치가 좀더 약한 형태일 것이다. 그 정도는 아니더라도 지나치게 특정한 인물에 의존할 경우 그 인물이 사라질 때 특정 인물에 의존하던 정치는 위기를 맞게 된다. 정치는 인물에 의존할 수밖에 없지만 지나치게 특정 인물에 의존하지 않음으로써 정치적 지지와 변혁적 힘을 제도화하는 것이 중요하다.

이런 문제점을 잘 보여주는 사례가 볼리바르 혁명이지만 반드시 멀리 갈 필요는 없다. 가까이 있는 진보신당을 보면 알 수 있다. 민주노동당의 주류 세력이 지닌 종북주의와 패권주의를 비판하며 탄생해 주목을 끈 진보신당은 자신들의 지도자인 노회찬 의원과 심상정 의원, 조승수 전 의원이 2012년 통합 진보 정당 창당을 위해 당을 떠난 뒤 존재감을 잃어버렸다. 특히 민주노동당이 주축이 돼 새롭게 출범한 통합진보당이 지난해 부정 경선 파동으로 위기에 처해 새로운 도약의 기회를 맞았는데도 사실상 몇몇 활동가들의 '자폐적 정치 서클'로 전락한 채 대중적 진보 정당으로 재기할 기미를 보여주지 못하고 있다. 진보신당이 대중적 지지를 제도화하지 못하고 몇 명의 스타 정치인에 지나치게 의존해온 결과다.

진보 정치는 단순히 특정 인물에 의존하는 '인물 정치'를 넘어서 대중적 지지와 변혁적 힘을 어떻게 제도화할 것인가, 그것이 차베스가 남긴 중요한 화두다.

《경향신문》 2013년 4월 22일

노회찬은 어디로

안철수 전 서울대학교 교수가 드디어 여의도에 입성했다. 더는 구제가 어려운 민주당의 현상황을 고려할 때 야권의 재생을 위해서는 새로운 정치가 그 어느 때보다도 필요하다. 그러나 안 전 교수의 여의도 입성이 손뼉치며 반겨지지가 않는다.

안철수 의원이 여의도에 입성하는 날, 노회찬 전 의원이 꿈에 나타났다. 가슴과 등에 칼을 꽂고 피를 흘리며 내게 기어오는 노 전 의원 모습에 놀라 잠을 깨고 말았다. 진보신당 탈당 등으로 비판을 받고 있지만 노 전 의원은 진보의 불모지에서 진보 정당을 뿌리내리기 위해 모든 것을 걸어온, 진보 정당이 배출한 몇 안 되는 대중 정치인이다. 그러나 삼성과 검찰이라는 국가 권력의 유착을 폭로한 죄로 어렵게 딴 금배지를 빼앗기고 말았다.

나는 안 의원이 평소 공익적 리더쉽을 실천해왔고 재벌들의 만행을 비판해왔으며 새로운 정치를 주장하고 있는 만큼 노 전 의원에 대한 부당한 판결에 항의하는 뜻으로 야당들은 후보를 내지 말고 선거를 보이콧하자며 민주당을 비롯한 야권을 설득하고 나설 줄 알았다. 그러나 그러기는커녕 잘됐다는 듯 쾌재를 부르며 자신이 그곳에 출마해 여의도에 입성했다. 재벌과 국가 권력 때문에 가슴에 비수를 맞은 노 전 의원의 등에 다시 한 번 칼을 꽂은 것이다. 꿈속에 노 전 의원이 가슴과 등 두 군데에 칼을 꽂고 있던 이유가 바로 이것이었다.

물론 안 의원도 가슴에 품고 있는 새로운 정치를 위해 원내 진출이 절실했을 것이다. 그러나 안 의원의 새로운 정치가 수단이나 과정은 정의롭지 않더라도 목적이 정의로우면 정당화될 수 있다는 낡은 결과지상주의라면 희망이 없다. 다시 말해 재벌과 국가 권력 때문에 치명상을 입은 진보 정당을 부축해주는 것이 아니라 다시 한 번 비수로 찔러 그 시체를 밟고 거름으로 삼아 일어서는 것이 새로운 정치라면, 그런 정치는 결코 우리에게 필요한 새로운 정치가 아니다.

안철수는 안철수고, 문제는 노회찬이다. 노 전 의원은 사면이 되기 전에는 공직 출마가 불가능하다. 설사 사면을 받아 피선거권을 되찾는다고 하더라도 지역구를 옮기거나 안 의원이 대통령이라도 돼서 자신의 지역구를 떠나지 않는 한, 아니면 국회의원을 포기하고 구청장 등 다른 공직을 겨냥하지 않는 한 안 의원하고 맞서 싸워 금배지를 되찾아야 한다. 쉽지 않을 것이다. 따라서 당분간은 진보정의당의 미래, 나아가 진보 정당의 미래를 위해 전념해야 한다.

노 전 의원이 취할 수 있는 선택의 하나는 안철수를 따라가거나 민주당을 따라가서 자유주의 정당에 들어가 진보 블럭을 구성하는 것이다. 현재 진보정의당의 다수파는 진보 정당에서 거리가 멀고 유시민을 따르던 국민

참여당 계열이며, 여기에 노회찬 전 의원과 심상정 의원 등이 얹혀 있는 형국이라는 점에서 가능한 시나리오다. 게다가 민주당행을 강하게 거부하던 유시민 전 의원이 당을 떠난 만큼 큰 장애물이 없어진 셈이다. 사실 이미 국민참여당 계열의 강동원 의원은 진보정의당을 탈당한 상태이고 안철수 쪽으로 갈 것이라는 분석이 지배적이다.

다른 하나는 정치적 필요성 때문에 노회찬과 심상정 같은 진보 세력과 개혁적 자유주의 세력인 국민참여당이 한 지붕에 동거하는 상황을 끝내고 당을 해체하는 것이다. 국민참여당 계열은 이념이 비슷한 안철수 신당이나 민주당으로 가고, 노 전 의원 등은 진보신당, 노동계에서 진보 정당의 혁신을 위해 구성한 노동자정당추진회의하고 함께 모여서 반미와 통일 문제에 초점을 맞춰서 패권주의와 종북주의라는 비판을 받아온 통합진보당과 달리 노동과 복지 문제 등에 초점을 두는, 제대로 된 진보 정당을 재건하는 것이다. 물론 탈당을 둘러싼 감정적 앙금 때문에 진보신당을 파트너로 하는 논의가 쉽지는 않을 것이다. 또한 통합진보당 사태가 보여주듯 정치적 필요성에 따른 무리한 통합은 득보다 실이 많다. 그러나 지금 같은 각개 약진은 공멸을 가져올 수밖에 없다는 점에서 그리스의 좌파연합 등 다양한 실험을 참고해서 진보 정치 세력들의 새로운 연합 조직을 만들 필요가 있다. 그리고 이런 과정에서 노 전 의원이 할 몫이 있을 것이다.

《경향신문》2013년 5월 13일

'반지성'의 한국 사회

요즈음 한국 사회를 규정하라면 뭐라고 할 수 있을까? 나는 단연코 '반지성의 사회'이자 '증오의 사회'라고 부르고 싶다. 언제부터 우리 사회에서 지성적 논의, 합리적 논쟁이 사라져버렸다. 합리적 논쟁을 대신한 것은 누구편, 어느 진영이냐는 편가르기와 진영 논리다. 더는 사람들은 어떤 주장을 접하면 귀를 기울이고 그 주장이 타당한지를 따지지 않는다. 더는 사람들은 자신과 생각이 다르지만 올바른 이야기를 들으면 그 이야기에 고개를 끄덕이고 자신의 생각을 바꾸려 하지 않는다. 중요한 것은 그 주장이 옳으냐 그르냐가 아니라 우리 편이냐 아니냐일 뿐이다.

관계, 언론계, 학계에 종사하는 이른바 잘나가는 대학 동기들의 친목 모임이 있다. 당연히 이념적으로 생각이 다르기 때문에 이야기를 나누다보면 의견들이 첨예하게 대립한다. 그러던 중 주요 언론의 중책을 맡고 있는 한 친구가 내뱉은 말은 머리를 망치로 치는 듯한 충격을 줬다. "요즘은 누가 무슨 이야기를 하면 그것이 옳은지 그른지를 따지지 않는다. 대신 왜 저 친구가 저 이야기를 하는지를 따져본다. 고향이 어디지? 누구 편이지? 그런 것을 따지면 왜 그런 주장을 하는지 이해할 수 있기 때문이다." 그렇다. 이제 우리 사회는 지성적 논의가 사라지고 진영 논리만이 지배하는 '반지성 사회'가 돼버렸다. 이제 우리 사회는 합리적 논쟁에 기초한 '지성의 정치'가 사라지고 진영 논리에 기반해 생겨난 '증오의 정치'가 지배하는 '증오 사회'가 돼버렸다.

사실 최근 쟁점이 되고 있는 윤창중 사태, 그리고 5·18 광주민중항쟁 왜곡 사태를 보면서 절망감에 빠지는 이유는 바로 그것 때문이다. 윤창중 사태의 진짜 비극은 윤창중 전 청와대 대변인의 한심한 일탈이나, 구멍난 청와대의 위기 관리 체계나, 언론계에서는 다 알고 있던 윤 전 대변인의 문제를 본인만 몰라놓고도 "한 길 사람 속은 모른다는 것을 배웠다"는 박근혜 대통령의 어이없는 해명이 아니다. 진짜 비극은 이런 사태도 진영 논리에 따라 박근혜 정부를 궁지로 몰아넣기 위한 '좌파의 음모'로 보는 일부 보수 세력의 소름 끼치는 사고방식이다.

5·18 왜곡 사태와 마찬가지다. 다른 사람도 아니고 호남 출신으로 김대중 정부의 청와대 국정상황실장을 지낸 사람이 종합 편성 채널의 시사 프로그램 진행자로 나와 시청률을 올리기 위해 북한 특수부대가 침투해서 5·18을 일으켰다는 상식 이하의 주장을 여과없이 소개하는 '반지성의 반공 선정 상업주의'와 '정치 포르노주의'에 할 말을 잃게 된다. 게다가 5·18을 전면적으로 폄하하고 조롱하는 글들이 '일베'를 도배하기도 했다.

잊지 말아야 할 것은 이런 보수 진영의 반지성적 진영 논리와 증오의 정치에는 김대중 정부와 노무현 정부의 타락과 실정, 그리고 '운동권의 탐욕'

과 또 다른 증오의 정치도 적지 않은 역할을 했다는 점이다. 사실 과거 군사 독재 시절 보수 세력의 증오의 정치가 별로 나타나지 않은 이유는 민주화운동 진영이 절대적으로 도덕적 우월성을 지니고 있기 때문이었다.

반지성주의와 진영 논리가 보수나 극우 세력에 국한된 현상은 아니다. 과거 김대중 대통령과 노무현 대통령에 대해 진보적 시각에서 비판하면 그 비판의 타당성에 귀를 기울이는 것이 아니라 '한나라당의 주구'라는 식의 반지성적 대응만 날아왔다. 얼마 전 노무현 전 대통령 4주기 행사가 있었다. 그러나 행사에 참가하려던 김한길 민주당 대표는 과거 노무현 대통령을 비판했고 최근에는 친노를 비판했다는 이유로 수모를 당한 뒤 쫓겨나야 했다. 노 전 대통령 생가나 추모 행사장에는 '완장 부대'들이 문을 지키고 앉아 자기편이 아닌 사람은 쫓아내는 '완장 권력'을 행사하고 있다. 진보 진영도 크게 다르지 않다. 거의 종교가 돼버린 자신들의 신념에 기초해 타인의 비판적 충고에는 귀를 닫고 있다.

비극적이지만 우리 사회를 움직이는 힘은 더는 지성이 아니라 진영 논리에 따른 증오다. 특히 인터넷을 보면 절망적이다. 합리적 논쟁과 이 과정을 통한 자기 성찰과 자기 정정이 없는 사회는 자멸할 수밖에 없다. 불행하게도 우리가 그런 길로 가는 것 같다. 답답한 일이다.

《경향신문》 2013년 6월 13일

안철수 신당의 쟁점들

'안철수 신당'이 구체화되고 있다. 한국에서 장기적인 생명력을 가진 의미 있는 제3당이 가능한지, 진보 정당도 아니고 민주당과 비슷한 자유주의 정당이 제3당으로 나타나는 것이 바람직한지는 논쟁적인 주제다. 그러나 이 문제하고는 별개로 현재 거대 양당제의 문제, 특히 구제 가능성이 별로 없어 보이는 민주당의 문제들을 생각하면 안철수 신당은 논의만으로도 기성 정당 질서에 충격을 줄 수밖에 없다는 점에서 중요한 역사적 의미가 있다. 그러나 문제는 어떤 내용의 신당이냐 하는 정당의 구체적 내용이다.

주목할 것은 안철수 의원의 싱크탱크인 정책네트워트 내일의 창립 심포지엄에서 이사장을 맡은 최장집 교수가 제시한 청사진이다. 언론에 보도된 대로 최 교수는 한국 정치의 가장 큰 문제의 하나가 '낮은 수준의 정당 제도화'라고 전제한 뒤 지금 같은 거대 양당의 '내용 없는 진영 대립'을 극복할 수 있도록 '진보적 자유주의'에 기초한 대안 정당이 출현해야 한다고 주장하고 나섰다.

　최 교수의 분석에서 주목할 것은 '내용 없는 진영 대립'이다. 새누리당과 민주당이 사생결단으로 싸우지만 사실상 정책 면에서 차이가 없어 내용 없는 대립일 뿐이라는 통렬한 비판이다. 물론 김대중 정부와 노무현 정부 지지자들의 경우 그래도 어느 정도 차이가 있었다고 반론을 펼지 모르지만 큰 틀에서는 공감할 수 있는 내용이다. 사실 지금도 쟁점이 되고 있는 쌍용차 문제도 원죄는 이명박 정부가 아니라 진보 진영의 반대에도 불구하고 해외 매각을 강행한 노무현 정부에 있다. 따라서 문제는 중산층과 서민의 정부를 자청하고 보수 진영에게서 빨갱이 정권이라는 비판을 받는 김대중 정부와 노무현 정부가 사회적 양극화의 주범이 되고 보수 정권과 별로 다르지 않는 경제 정책을 펴고 만 원인을 엄밀히 분석하는 것이다. 안철수 신당이 이 문제에 대한 엄밀한 분석에 기초해 대안을 제시할 때만이 민주당 같은 비극을 피할 수 있기 때문이다.

　진보적 자유주의는 공감할 수 있는 이념이다. 그런데 민주당이 실패한 것은 '진보적 자유주의'가 아닌 '그냥 자유주의' 또는 '보수적 자유주의'를 추구했기 때문인가? 진보적 자유주의는 민주당이 그동안 견지한 이념과 정강보다 더 진보적인가, 아니면 민주당보다 보수적이어서 민주당과 새누리당의 중간쯤 되는가? 내가 보기에 민주당 노선보다 더 진보적인 것 같지는 않다. 만약 새누리당과 민주당의 중간쯤 되는 이념이라면, 민주당의 이념도 새누리당과 의미 있는 차이를 만들어내지 못한 만큼 진보적 자유주의가 의미 있는 차이를 만들어내기는 더욱 어려울 것이다. 개인적 판단은 진보적 자유주의가 내용 면에서 민주당의 정치 이념과 별로 다른 것 같지 않다는 쪽이다. 진보적 자유주의가 민주당이 아닌 다른 정당을 만들 만큼 차별성이 있는 정치 이념일까 하는 의문이 든다.

　민주당이 실패한 것은 정치 이념 때문이 아니라 사욕에 따라 정치를 한 탓인가? 그렇다면 안철수의 공익적 리더십이 해답일 수 있다. 그러나 그것도 아니라 민주당이 무능하기 때문에 실패했다면 또 다른 이야기가 된다. 이 경우 안철수 신당이 민주당과 달리 경제 민주화 등 시대적 과제들을 해결할 수 있는 능력이 있다는 것을 보여줘야 한다. 그것도 아니고 구조적 제약 때문에 민주당이 실패한 것이라면 안철수 신당은 구조적 제약을 어떻게 넘을지를 보여줘야 한다.

　최 교수가 정확히 지적한 '낮은 수준의 정당 제도화'도 문제다. 이 문제는 집권 초기 노무현 대통령이 부딪힌 고민과 동일하다. 기성 정당은 분명 문제가 많다. 그렇다고 새 정당을 만드는 선택은 인물을 중심으로 노무현당이나 안철수당이라는 인물 정당이 생기고 인물과 함께 그 정당도 사라짐으로써 낮은 수준의 정당 제도화를 더 심화시킬 수 있다는 딜레마에 빠지게 된다. 나는 "노 대통령이 할 수 있는 최고의 정당 개혁은 새로운 정당을 만들지 않는 것"이라고 주장했지만, 결국 노 전 대통령은 열린우리당을 만들었다. 그리고 내 예언대로 열린우리당은 노무현 정부과 함께 사라지고 말았다.

《경향신문》 2013년 6월 24일

역지사지의 정치

"대한민국은 존재하는가?" 몇 년 전 쓴 칼럼의 제목이다. 그렇다. 우리 사회를 보고 있노라면 "과연 대한민국이라는 국가와 정치 공동체는 존재하는 것인가" 하는 근본적인 의문을 갖지 않을 수 없다. 원래 이런 의문을 갖게 된 것은 정권만 바뀌면 정부 구조까지 바꾸는 기이한 정치권의 졸속주의, 한탕주의, 성과주의 때문이었다.

미국을 예로 들면 클린턴 정부에서 부시 정부, 부시 정부에서 오바마 정부로 정권이 바뀐다고 정부 부처가 생기고 없어지고 이름이 바뀌지는 않는다. 그러나 우리는 정권만 바뀌면 정부 부처가 생기고 없어지고 난리를 친다. 대한민국이라는 국가는 존재하지 않고 김대중 정권, 노무현 정권, 이명박 정권, 박근혜 정권 같은 정권들만 존재하는 셈이다.

그것만이 아니다. 최근 들어서는 우리 사회의 정치적, 이념적 균열이 너무도 심각해 "하나의 정치적 공동체로서 대한민국은 존재하는가"라는 의

문을 갖지 않을 수 없다. 교과서와 역사박물관 문제가 그 예다. 우리는 독재를 미화한 군사 독재 시대의 교과서를 민주화 이후 개정한 일이 있다. 그러나 보수 정권이 집권하자 이런 관점을 좌파적 역사관이라고 시비를 걸며 다시 뜯어고치고 있다. 이념적 성격이 다른 정권이 들어서면 교과서가 바뀌고 학생들이 다른 내용의 역사를 배워야 하는 기이한 사태가 벌어지고 있다. 이명박 정부가 건국 60주년을 맞아 건립한 대한민국역사박물관도 야당과 민주 세력에게서 편향적이라는 비판을 받고 있는데, 이념이 다른 정권이 집권하면 다시 뜯어고치겠다고 나설 가능성이 크다.

국가정보원의 불법 선거 개입과 북방한계선NLL 사태도 마찬가지다. 국정원 선거 개입은 국정원이 국가를 지키기 위한 대한민국의 정보기관이 아니라 특정 정권과 정파의 도구로 전락하고 만 충격적인 사건으로, 대한민국은 과연 존재하는가 하는 의문을 갖게 한다. 그러나 더 심각한 문제는 최고 정보기관의 총수가 지난 10년간 대한민국을 통치했고 지난 대선에서도 거의 과반수의 지지를 얻은 자유주의적 색깔의 야당을 다시는 권력을 잡아서는 안 되는 '종북 세력'으로 보고서 불법적 선거 개입 등 수단과 방법을 가리지 말고 집권을 막는 것이 애국이라고 생각할 정도로 우리의 이념적 골이 깊다는 사실이다.

정도의 차이는 있지만 민주 정부들도 크게 다르지 않았다. 김대중 정부는 수구 세력의 반발에 맞서서 개혁과 민주주의를 지켜야 한다는 잘못된 소명 의식에서 광범위한 도청을 했다. NLL 사태도 마찬가지다. 기밀을 지켜야 하는 정보기관이 국가 기밀을 공개한 것도 잘못이지만 더 근본적인 문제들을 보여주고 있다. 똑같은 정상회담 회의록을 놓고도 어떻게 그토록 판이하게 다른 해석이 가능한가 하는 문제다. 최소한의 상식과 언어를

공유할 수 있는 대한민국이라는 정치 공동체가 사라지고 이념적 균열이 얼마나 심각해졌으면 같은 문장을 놓고도 다른 해석에 기초해 사생결단 식 논쟁을 하느냐는 말이다.

민주주의의 핵심인 다원주의와 관용은 유럽의 심각한 종교 분쟁 속에서 생겨났다. 다른 종교를 탄압할 경우 자신들도 같은 이유로 탄압을 받을 수 있다는 '역지사지易地思之'의 인식을 통해 종교와 사상의 자유 등 다원주의와 관용 사상이 생겨났다. 처지를 바꿔 생각해보는 '역지사지의 정치', 우리에게 필요한 인식이 바로 그것이다. 우리가 최근의 정권 교체를 통해 배웠듯이 아무리 자신들이 원하는 방향으로 교과서를 만들고 역사를 강요해봐야, 아무리 자신들이 옳다고 생각하는 정책을 만들어봐야, 이념이 다른 정권이 들어서면 뜯어고칠 것이라는 점을 깨달아야 한다. 이런 역지사지의 인식에 기초해 초정파적으로 개방적 논쟁을 거쳐 정권이 바뀌어도 바뀌지 않을 합의에 기초한 정책들을 만들어가는 '역지사지의 정치'를 실천해야 한다.

물론 이 문제들은 무엇이 옳은가 하는 '진리의 정치'가 개입돼 있는 만큼 합의와 타협이 쉽지 않을 것이다. 그러나 그렇다고 의견이 다른 세력들을 말살하거나 모두 수용소에 감금할 수는 없지 않은가? 그렇다면 어렵더라도 역지사지를 통한 합의의 정치로 나아가야 한다.

《경향신문》 2013년 7월 5일

거리가 아니라 가슴이 답이다

신영복 선생은 오랜 감옥 생활에서 나온 깊은 사색을 통해 얻은 지혜로 우리를 감동시켰다. 그중 하나가 '머리, 가슴, 발 이론'이다. 세상에서 가장 먼 여행이 '머리에서 가슴으로의 여행'이고, 여기에 못지않게 먼 것이 '가슴으로부터 발로의 여행'이라는 주장이다. 머리로 알기는 쉬워도 아는 것을 진정으로 가슴으로 느끼기는 쉽지 않고, 발로 실천하기는 더더욱 어렵다는 성찰이다. 최근의 정국, 특히 새누리당의 국가정보원 국정조사 보이콧에 저항해 가두 투쟁에 나선 민주당을 보면서 문득 떠오른 것이 바로 신영복 선생의 바로 이 '머리, 가슴, 발 이론'이다.

현 정국의 핵심에는 국정원의 불법 선거 개입이 자리잡고 있다. 이 사건은 민주주의와 헌정 질서의 근본을 흔드는 매우 심각한 사안이다. 그 결과 사상 처음으로 정보기관을 대상으로 국정조사를 실시하게 됐다. 또한 주요 대학 교수들이 줄줄이 성명서를 냈고 중고등학생들까지 거리로 나섰다. 284개 시민사회단체로 구성된 시국회의가 만들어져 철저한 진상 조사와 국정원장 해임을 주장하고 있다. 사안의 엄중함을 생각할 때 당연한 일이다. 그러나 국정조사는 아무것도 못한 채 표류하고 있다. 물론 가장 큰 책임은 새누리당에 있다. 새누리당은 국정조사를 세 번이나 파행시키고 20여 일간 국정조사를 중단시켰으며, 주요 증인 채택을 거부하고 있다. 게다가 주요 당직자들은 외유 등으로 여의도를 떠났다. 이런 행태는 결국 국민의 심판을 받을 것이다.

그러나 국민들이 새누리당에 분노하며 민주당의 손을 들어주고 있느냐하면 그런 것 같지는 않다. 잘해야 무능의 극치로 보고 있을 뿐이다. 그리고 민주당의 잘못된 대응 탓에 많은 국민이 국정원의 불법 선거 개입이라는 민주주의의 사활이 걸린 중요한 문제를 단순한 여야 간 정쟁으로 보고 있을 따름이다. 민주당은 국정조사를 물타기하기 위한 보수 세력의 NLL 논쟁에 쓸데없이 뛰어들어 문제의 초점을 흐렸을 뿐 아니라 논쟁에서도 백전백패하고 말았다. 국정조사 과정에서도 무능과 무기력을 그대로 보여줬다. 특히 여름 휴가를 핑계로 국정조사를 일주일 쉬기로 합의해주는가 하면 비판 여론이 일자 '솔로몬의 선택에 나오는 어머니의 심정' 운운하며 합의를 합리화하기에 급급했다. 그러다가 갑자기 장외 투쟁을 선언하고 나서니 별 감동이 없다.

민주당의 장외 투쟁 돌입에 대한 권성동 새누리당 의원의 논평은 불행하게도 정확히 정곡을 찌른다. "NLL 대화록 국면에서 민주당이 큰 실수를 했고, 또한 이번 국조 특위 과정에서도 막말 논란 등으로 자기들이 얻고자 하는 정치적 목적을 취득하지 못했다. 그러다 보니 민주당 지도부가 강경파에 흔들리게 돼서 결국 거리로 나섰다. 하려면 진작 했어야 하는데 파행의 원인을 우리 새누리당에 돌리고 그걸 빌미로 장외 투쟁하려는 의도가 아주 명명백백하게 보인다."

민주당이 뒤늦게나마 전면적 투쟁에 나선 것은 어쨌든 다행스러운 일이다. 이제야 머리를 넘어 발로 실천하고 나선 셈이다. 그러나 진정성과 가슴이 느껴지지 않는다. 다시 말해 머리에서 가슴은 건너뛰고 발로 내려간 기분이다. 나아가 국민들의 가슴을 움직이기에도 너무 부족하다. 문제는 국민의 가슴을 움직이는 것이지 단순히 거리로 뛰어나가는 것이 아니다. 장외 투쟁을 하지 말라는 것이 아니다. 다만 국민의 가슴과 마음을 움직이지 못하면서 거리에 백번 뛰어나와야 전혀 도움이 되지 않는다는 말이다.

투쟁 상황을 둘러보려고 시청 앞 투쟁본부를 가보니 민주당이 정신을 차려도 한참 차려야겠다는 생각이 들었다. 버스를 타고 시청 앞 천막 당사 옆을 지나가며 가장 먼저 눈에 띈 것은 광장 옆으로 한 차선을 차지하고 늘어선 민주당 국회의원과 당직자들의 호화스러운 고급 승용차 행렬이었다. 그 이유야 알 수 없지만, 비상 시국의 가두 투쟁에 나서며 구태여 고급 승용차를 타고 나올 필요가 있는가? 그리고 투쟁 본부 옆에 구태여 금배지 스티커를 부착한 승용차들을 줄줄이 세워놓아야 하는 것인가? 해답은 거리가 아니라 가슴에 있다.

《경향신문》 2013년 8월 5일

박근혜와 순교자주의

박근혜 정부가 출범한 지 6개월이 됐다. 여러 평가가 줄을 잇고 있다. 개인적으로 새 정부가 가장 잘한 일은 전두환 미납 추징금 징수라고 생각한다. 민주 정부를 자임한 김대중 정부와 노무현 정부조차 엄두를 내지 못한 일을 과감하게 추진하고 있는 데 박수를 보낸다. 다음으로 잘한 일은 4대강 사업 등 이명박 정부의 실정을 심판하고 있는 것이다. 대북 관계에서 일정한 성과를 얻어내고 있는 점도 평가하고 싶다. 구체적으로 보면 시진핑 체제 출범에 따른 중국의 대북 정책 변화라는 운에 기인한 바가 크지만, 북핵 문제에 대한 중국의 지원을 얻어내 북한을 고립시킴으로써 원칙을 지키면서 개성공단과 이산가족 상봉 등 대북 관계에서 성과를 얻어내고 있다.

그러나 비상식적인 일방 인사, 정치권과 여론을 무시하는 불통의 정치, 국정원 사태에 대한 방관, 경제 민주화의 후퇴 등 염려되는 점이 훨씬 많다. 특히 오기에 가까운 인사와 불통의 정치를 바라보면서 떠오른 것은, 엉뚱하게 들릴지 모르지만 노무현 전 대통령이다.

노 전 대통령과 박 대통령은 너무도 다른 양 극단의 정치인이다. 노 전 대통령은 엄밀한 의미의 진보는 아니더라도 자유주의 개혁 세력을 대변한 다면 박 대통령은 냉전 보수 세력을 대변한다. 어려운 성장 과정을 거친 노 전 대통령이 서민과 비주류를 대표한다면, 박 대통령은 대통령의 딸로 성 장한 최고 엘리트 출신이다. 노 전 대통령은 대통령에 어울리지 않는 언행 으로 구설수를 달고 다녔다면, 박 대통령은 일찍이 퍼스트레이디 훈련을 받은 덕택에 최고의 품위와 격을 갖춘 정치인이다. 그러나 노 전 대통령과 박 대통령, 그리고 지지자들이 모두 펄쩍 뛰며 인정하고 싶지 않겠지만, 두 정치인은 너무도 닮은 점이 있다. 그것은 위험한 순교자주의다. 나는 2007 년 초 다음처럼 쓴 적이 있다.

현재 한국 정치에는 두 명의 '순교자주의자'가 있다. 순교자주의란 여 론 등과 상관없이 자신이 옳은 일을 위해 순교를 하고 있다고 생각하는 것으로서 종교인에게는 중요한 덕목일지 모른다. 그러나 정치인의 경 우 민주화 투쟁 등에 있어서 필요할 때도 있지만 민심에 반하고 틀린 것 도 자신이 옳다고 생각해 무대뽀로 나갈 수 있다는 점에서 매우 위험할 수 있는 성향이다. 두 명은 노무현 대통령과 박근혜 의원이다. 노 대통령 은 평생을 주류에 도전하며 살아온 반주류 순교자주의자이다. 특히 지 역주의에 저항해 돈키호테처럼 싸워 '바보 노무현'이라는 아름다운 별 명도 얻었다. 그러나 순교자주의가 잘못돼 이제 올바른 여론에 대해서 도 '여론은 무시하기로 했고 역사가 내가 옳았음을 평가할 것'이라고 위 험하게 나가고 있다. 박 의원 역시 순교자주의자이다. 다만 차이는 주류

중에서도 최상류 주류로 살아온 기득권 수호적 순교자주의자, 반공주의 순교자주의자라는 것이다. 다시 말해, 내용만 반대일 뿐 위험한 순교자주의자라는 점에서는 똑같다. 박 의원은 대한민국이 노무현 정부라는 친북 좌파에 의해 존폐의 위기에 처해 있으며 자신은 대한민국을 구하기 위해 순교하겠다고 믿고 있다. '나라를 구하기 위해 대선에 뛰어들었다'는 미국 방문 중 한 발언이 그 예다.

2005년 한 정치인이 《고난을 벗 삼아, 진실을 등대 삼아》라는 책을 썼다는 뉴스가 올라왔다. '김근태 의원 같은 사람이 썼나 보다' 생각하고 읽어보니 박 대통령이 쓴 책이어서 충격을 받았다. 그러나 곰곰이 생각해보니 부모를 모두 비극적으로 잃고 자신까지 테러를 당한 상황에서 충분히 '고난을 벗 삼아' 운운할 수 있겠다고 이해가 됐다.

그러나 바로 그런 개인사와 생각이 정당한 비판에도 귀를 닫고 잘못된 길을 고집하는 순교자주의로 나아가게 만들 수 있다는 걱정을 했다. 특히 그 글에서 "소신을 펴나가는 과정에서 욕을 안 먹을 수 없으며 그 비난은 가슴에 다는 훈장 이상으로 자랑스럽게 생각하고 갈 것"이라는 구절이 그렇다. 박 대통령이 역사에 남는 훌륭한 대통령이 되기 위해서는 역사와 대화하기에 앞서 민심과 대화해야 하며, 순교자주의를 버리고 땅으로 내려와야 한다.

《경향신문》 2013년 8월 26일

이석기를 넘어서

참담하다. 지난해(2012년) 총선 과정에서 불거진 부정 선거 파동도 부끄럽기 짝이 없었는데 이번에 터진 이석기 파동은 더욱 그렇다. 진보를 자처해온 사람으로서 참담하기가 이를 데 없다. 사실 통합진보당을 중심으로 우리 사회에 친북 또는 '종북'이라는 비판을 받아온 주체사상파가 존재해온 것은 진보 진영의 물을 조금이라도 먹은 사람들은 다 아는 이야기다. 그러나 이번에 밝혀진 녹취록 등은 사법적 판결이 어떻게 귀결될 것인지에 상관없이 테러 계획 등 내용이 충격적이다.

우리가 이석기 사태를 넘어서 앞으로 나가기 위해서는 몇 가지 명확히 해둬야 할 점이 있다. 첫째, 주체사상과 종북주의는 사상적으로, 정치적으로 허용돼야 한다. 자유민주주의의 핵심은 틀린 주장도 할 수 있는 자유를 보장하는 데 있기 때문이다. 틀린 주장이라고 억압하면 다른 사람들이 우리의 주장을 틀렸다고 억압할 수 있다. 사실 분단 시절 서독은 동독을 추종하는 '종동독주의' 노선을 추구한 공산당을 허용했다. 다시 말해, 주체사상과 종북주의는 국민의 선택에 따라 정치적으로 도태시켜야 하는 것이지 사법적으로 해결하려 해서는 안 된다. 사실 종북주의와 주체사상에 호응하는 국민이 얼마나 되겠는가? 광화문에 나가 주체사상 신봉자가 김정은 만세를 외친다면 '정신병자' 취급하지 누가 동조하겠는가?

다만 문제는 이번 사태가 보여주듯이 국가보안법의 존재 등 때문에 종북주의자들이 자신의 정치적 노선을 공개적으로 표명하지 못함으로써 정체성을 숨기고 있다는 점이다. 여기에 민주당의 묻지마식 '반MB' 야권 연대와 비례대표제가 더해져 정체성에 대한 대중의 엄밀한 검증 없이 문제 인물들이 국회에 진출한 것이 문제다. 따라서 오히려 국가보안법을 폐지해 종북주의자들이 떳떳하게 자신의 견해를 밝히고 국민의 정치적 심판을 받도록 만들어서 민의에 따라 정치적으로 고사시켜야 한다. 또한 민주당도 낡은 묻지마식 야권 연대에 대해 다시 생각해야 한다.

둘째, 이 문제와 별개로 이번 녹취록에서 나타난 것과 같은 테러는 사법적으로 규제해야 한다. 사상의 자유하고는 전혀 상관없는 문제이며, 좌우 이념을 넘어서 처벌해야 한다. 예를 들어 노무현 정부 시절 한 극우 논객이 좌파 정부인 노무현 정부에 대한 사실상의 무장봉기를 선동한 적이 있다. 추상적 선동 수준에 그쳤으니 망정이지 이런 계획이 이번 이석기 사태처럼 조직적 차원에서 구체적으로 논의됐다면 사법적으로 처리했어야 한다.

셋째, 정작 걱정은 새누리당과 보수 세력이다. 이 세력들은 이번 사건을 계기로 쾌재를 부르며 강공을 계속하고 있다. 심정은 이해되지만 유죄가 확정되지 않았는데도 이석기 의원을 국회에서 제명하고 통합진보당을 해산시키려 하는 등 공안 드라이브를 가속하고 있다. 그러나 잊지 말아야 할 것이 두 가지 있다. 하나는 이석기라는 인물을 만들어낸 것은 야권 연대를 한 민주당이 아니라 새누리당이 뿌리를 두고 있는 유신과 전두환 정권이라는 군사 독재라는 사실이다. 주목할 사실은 이석기가 1982년에 대학에 들어간 82학번이라는 점이다. 1980년 광주의 비극 속에서 계엄군의 진압 작전을 승인해 양민 학살을 방조한 미국을 향한 증오를 생생하게 체험하며 자라난 세대다.

물론 그 뒤 세상의 변화를 따라가지 못하고 아직도 낡은 생각을 하고 있는 것은 잘못이다. 그러나 이 반미 주체사상파를 만들어낸 원죄는 군사 독재에 있다. 따라서 이 점에 대해 새누리당과 보수 세력은 뼈아픈 반성을 해야 한다. 나아가 이번 사태를 기화로 국정원 개혁을 포함한 개혁 과제들을 물건너가게 만들고 공안 드라이브로 정국 주도권을 장악하려 한다면, 그것은 제2, 제3의 이석기를 만드는 길이다. 이석기 사태의 재발을 막는 길은 종북 매카시즘이 아니다. 그 길은 철저한 개혁으로 우리 사회를 노동자들이 툭하면 분신하고 철탑에 기어 올라가는 사회가 아니라 '살맛나는 멋진 사회'로 만드는 길이다.

통합진보당도 테러 논의가 농담이었다는 식으로 대응할 것이 아니라 합리적인 자주파로 다시 태어나기 위한 혁신을 해야 한다. 정의당, 그리고 노동당으로 이름이 바뀐 진보신당 등 주사파에 비판적인 진보 세력들은 진보의 존망이 걸린 현재의 위기를 극복하기 위한 노력을 배가해야 한다.

결국 중요한 것은 대중의 올바른 선택이다. 시대착오적 종북주의는 실랄하게 비판하되 그런 비판이 '종북 매카시즘'으로 나가지 못하게 막고 올바른 진보가 성장할 수 있도록 도와주는 것은 대중의 몫이다.

《경향신문》 2013년 9월 16일

후기

간단히 짚고 넘어가야 하는 문제가 있습니다. 바로 이석기 사건과 통진당 해산입니다. 저는 이 책에 실린 글들을 통해 종북을 포함한 모든 사상의 자유는 보장돼야 하며 통진당 해산은 말도 되지 않는다고 주장했습니다. 그러나 이석기 사건에서 문제가 된 테러 모의 등은 다른 차원의 문제라고 주장했습니다. 최근 이석기를 포함한 양심수 석방 운동이 일고 있는 상황에 관련해, 그동안 산 형을 감안할 때 저도 석방에는 찬성합니다. 그러나 석방하고는 별개로 테러 모의의 진위 문제는 남습니다. 이석기가 양심수인지는 이런 혐의의 진위 여부에 달려 있다고 생각합니다(대법원 판결은 이 사건에서 문제가 된 통신 시설과 유류 시설의 교란과 사제 폭탄 제조 등에 관련된 논의를 사실로 인정해 내란 선동죄에 유죄를 선고했습니다).

학문 후속 세대 죽이는 BK

김대중 정부와 노무현 정부 시절 3년간 민주화를 위한 전국교수협의회(민교협) 공동의장 일을 한 적이 있다. 특히 두 정부의 반민중적 신자유주의 정책에 저항해 많은 시간을 거리에서 보내며 열심히 투쟁했다. 그러나 두 가지 후회가 남는다.

하나는 비정규직을 위해 투쟁하면서도 정작 대학의 비정규직인 시간강사 문제를 위해 더 많은 시간을 할애하지 못한 것이다. 특히 정치권이 강사들의 처우 개선이라는 미명하에 많은 시간강사가 일자리를 잃어야 하는 '시간강사 학살 법'을 여야 합의하에 만들어 내년부터 시행하겠다니 더욱 그렇다. 이 법은 워낙 욕을 먹은 원래의 법안 중 일부 독소 조항을 뺐지만 기본적 문제는 그대로 남아 있는 대표적 악법으로, 교육 전문가라는 관련 국회의원들이 국가의 녹을 먹으며 이런 한심한 법안이나 만들고 있으니 나라의 미래가 걱정이다.

다른 하나는 학문 후속 세대를 양성한다며 김대중 정부가 도입한 '브레인 코리아[BK] 21' 정책을 막지 못한 것이다. 이 정책은 많은 자원을 학문 후속 세대인 대학원생들에게 지원한다는 점에서 긍정적인 면이 없지는 않다. 그러나 대학원생들의 연구 계획을 받아 이 중 우수한 학생들에게 연구비를 지원하는 것이 아니라 교수들이 연구하고 싶은 연구 계획을 제출하고 대학원생들은 단지 조교나 연구보조원으로 참여해 지원을 받도록 만들었다. 민교협은 이런 정책이 가뜩이나 '교수의 노예'라는 말을 듣는 대학원생을 더욱 교수에게 종속되게 만들고 우수한 대학원생이 자신이 연구하고 싶은 주제를 자율적으로 연구하는 것이 아니라 경제적 이유 때문에 교수의 연구 프로젝트에 참여해 전공이나 관심에서 거리가 먼 엉뚱한 주제를 연구하게 만듦으로써 의도와 달리 학문 후속 세대의 양성에 부정적 영향을 미칠 것이라고 비판했다.

이런 폐해는 인문사회 등 문과 분야에 극심하다. 대학원생이 교수의 연구 조교로 참여하는 이공계의 연구 방식을 문과에도 그대로 적용했기 때문이다. 그러나 김대중 정부는 이런 비판에 귀를 막고 방학인데도 각 대학은 비상 연락망을 동원해 응모하라고 지시하는 등 군사 작전식으로 이런 정책을 졸속 강행했다. 그 결과 이제 대학원생들은 자신이 공부하고 싶은 주제를 연구하며 배고픈 고난의 길을 갈지 아니면 영혼을 팔아 교수 밑에 들어가 연구보조원으로 혜택을 누릴지 결정하는 선택을 강요당하고 있다.

우수한 대학원생들을 단순히 교수의 연구 보조 인력으로 만들어 사실상 학문 후속 세대의 창의성과 독립성을 말살하는 이런 경향은 갈수록 심화되고 있다. 이런 학문 후속 세대의 창의성 말살 정책으로는 박근혜 대통령이 추구하는 창조경제도 요원할 것이다. 특히 염려스러운 점은 이런 연구 프로젝트들이 대형화되고 있다는 점이다. 물론 일부 이공계 연구의 경우 대형화가 불가피할 수도 있다. 그러나 인문사회 분야도 이런 경향이 똑같이 적용되고 있다. 특히 21세기는 '다양성'이 핵심이라는 점을 생각하면, 소수 주제 중심의 대형화는 학문의 자살 행위에 다름 아니다.

문제는 이런 자살적인 추세가 오랜 군사 문화인 전시주의, 그리고 한국연구재단 같은 담당 기관의 권력욕과 행정편의주의 때문에 만들어진 결과라는 점이다. 예를 들어 1000억 원을 들여 박사 1000명에게 연 3000만 원씩, 박사 과정생 7000명에게 연 1000만 원씩을 지원해 연구하고 싶은 주제를 연구하게 하는 것이 진정한 학문 후속 세대를 양성하는 길이지만, 이런 방식은 전시주의적 기준에서 보면 가시적 성과가 눈에 띄지 않고 관리도 어렵다. 50억 원짜리 프로젝트 20개에 돈을 나눠주면 가시적 결과가 눈에 띄고 관리도 쉽다. 게다가 각 대학들은 그 돈을 받기 위해 굽실거릴 테고 집행 기관은 엄청난 권력을 행사할 수 있다.

BK 21의 후속 사업인 BK 플러스라는 최근 정책은 이런 경향의 극치를 보여주고 있다. 이런 정책은 대형화 추세를 반영해 연구단을 구성하려면 상당한 교수 수를 채우는 것을 의무 조항으로 제시하고 있어 교수 수가 적은 서강대학교 같은 '강소 대학'은 애당초 연구단을 구성할 수 없는 과가 태반이다.

처우 개선이라는 미명하에 사실상 강사들을 학살하고 학문 후속 세대 양성이라는 미명하에 학문 후속 세대의 창의성을 말살하고 있는 것이 안타깝지만 우리의 현실이다.

《경향신문》 2013년 10월 7일

기이한 대한민국, 꼬레아 가네

1960년대에 인기를 끈 〈몬도 가네〉라는 영화가 있다. 세계의 충격적인 풍습을 다큐멘터리로 소개한 이탈리아 영화로 직역하면 '개 같은 세상'이라는 뜻이지만, 세상의 기이한 것들을 모아놓은 만큼 '기이한 세상' 정도로 의역해 이해했다. 요즈음 이 영화 제목이 자꾸 떠오른다. 우리 현실을 바라보고 있자면 '몬도 가네'의 한국판인 '꼬레아 가네', 즉 '기이한 대한민국'이라는 단어가 머리를 떠나지 않는다.

지금이 어떤 때인가? 우리가 오랜 투쟁 끝에 민주화를 달성한 지 벌써 26년이 지났다. 선거를 통한 평화적 정권 교체만 하더라도 6번을 거쳐 노태우, 김영삼, 김대중, 노무현, 이명박 정부를 지나 박근혜 정부에 이르렀다. 게다가 이제 시대는 1950~1960년대가 아니라 지구화와 정보화가 본격화된 21세기가 아닌가? 그런데 이승만 정부와 박정희 정부 때가 생각나는 국가 권력이 개입한 관권 선거가 말이 되는가? 국가정보원의 대선 개입 댓글 작업 의혹으로 시작된 이번 사태는 규모가 원래 제기된 의혹보다 훨씬 큰데다가 국정원만이 아니라 군까지 개입된 사실이 밝혀지면서 파장이 일파만파 커지고 있다. 한마디로 반세기 이상을 거슬러 올라가 관권 선거가 판을 치던 1950~1960년대로 되돌아간 느낌이다. 게다가 경찰 수뇌부는 사건을 은폐하기 위해 애를 쓰고 사건을 조사하는 검찰을 찍어내기 위해 별별 수작을 다 벌이고 있으니, 정말 '몬도 가네'가 따로 없는 '꼬레아 가네'다. 미국 중앙정보국^{CIA}과 미군 정보기관이 2008년 대선에서 버락 오바마 민주당 후보를 낙선시키기 위해 '오바마는 빨갱이'라는 댓글 작업을 했다면 어떻게 됐을 것인가?

아직도 정보기관들이 문재인 민주당 의원처럼 급진 세력하고는 거리가 멀어도 한참 먼 자유주의적 정치인을 결코 대통령이 되면 안 되는 종북 세력이자 반국가 세력으로 인식해 당선을 막아야 한다며 당선 방해 작업을 벌인 사실, 또한 그런 공작이 결국 세상에 밝혀지지 않고 넘어갈 수 있다고 생각하고 있었다는 사실 자체가 놀랍기만 하다. 특히 국정원의 경우 노무현 정부 시절 시민사회 대표들이 참여한 과거 청산 활동을 통해 과거 자신들이 저지른 정치적 개입을 자기반성했으면서도 자기반성 보고서의 잉크가 채 마르기도 전에 또다시 대선에 개입한 점은 참담하기만 하다. 결국 여러 외신들의 대대적 보도가 잘 보여주듯이, 이번 공작 덕에 어렵게 이룩한 우리의 민주주의는 국제적 웃음거리가 되고 있으며 박근혜 대통령의 국제적인 이미지도 손상이 가고 있다.

그러나 정말 충격적인 것, 정말 기이한 것은 국가 기관의 대선 개입 자체가 아니다. 정말 기이한 것은 여권과 보수 진영의 반응이다. 여권이 제대로 된 보수 세력이라면, 아니 보수와 진보를 떠나 상식을 가진 정치 세력이라면 국가 기관의 대선 개입은 있을 수 없는 일이라며 철저한 진상 규명에 적극 나서는 한편 책임질 일은 책임지는 자세를 보여야 한다. 그렇지만 검찰 수사 관계자들을 야권에 가까운 친노 세력으로 몰아가고 야권의 문제 제기도 대선 불복종으로 몰고 감으로써 위기를 벗어나려 하고 있으니 한숨밖에 안 나온다. 물론 정몽준 의원과 이재오 의원 같은 중진들은 이번 사태에 대한 여권의 대응을 보고 자기반성을 요구했다. 그러나 이런 움직임은 예외적 상황일 뿐 여권 전체의 분위기는 전혀 그렇지 않다. 이번 댓글 공작에 대해 "국가 기관에도 민주당을 지지하는 사람이 많을 것이다. …… 박근혜 지지자들만 트위터를 쓰고 댓글을 쓰느냐"는 이정현 청와대 홍보수석의 발언에는 할 말을 잃게 된다.

칼자루를 쥐고 있는 박 대통령도 크게 다르지 않다. 박 대통령은 본인이 이런 공작을 인지하고 있었는지 여부는 별개로 대승적 견지에서 이번 사태에 대해 사과하고 재발 방지와 책임자 처벌을 약속해서 문제 해결에 적극 나서야 했다. 그러나 김영삼 전 대통령 차남 김현철 씨가 정확히 지적했듯이 유신 독재의 상징적 구호인 새마을운동을 제2의 새마을운동으로 발전시켜 국민의식 혁명을 해야 한다고 천명하고 나서니 답답하기만 하다.

세계화의 21세기에 우리는 관권 선거와 관제 국민 의식 개조 운동이 판치던 1950년대와 유신 시대로 돌아가는 것인가? 하기는 공식 행사에서 유신 시대가 그립다는 이야기가 공공연하게 나오는 판에 무슨 말을 더 하겠는가. 정말 기이한 대한민국이다.

《경향신문》 2013년 10월 28일

다시 지하당 시대를 원하는가

외국의 진보적인 교수들을 만나면 공통적으로 한국을 부러워하는 것이 있다. 바로 사회운동의 역동성이다. 꺼질 것 같으면서도 꺼지지 않고 타오르는 한국의 사회운동에 그 교수들은 박수와 존경심을 표한다. 특히 운동이 거의 죽어 있는 일본의 진보 진영은 한국의 운동을 보며 대리 만족을 느꼈다. 사실 이명박 정부 초기에 터져 나온 촛불 시위에 대해서도 전 세계 진보 진영이 찬사를 보낸 적이 있다.

그러나 그런 찬사를 들을 때면 나는 정반대 이야기를 한다. 이렇게 촛불 시위 같은 '거리의 정치'가 활성화된 상황이 한국의 자랑인 것은 사실이지만 뒤집어 생각하면 한국 정치의 낙후를 보여주는 부끄러운 일이라고 말한다. 툭하면 촛불 시위가 벌어지고, 끊임없이 골리앗 투쟁이 이어지고, 이런 이들을 돕는 희망버스가 터져 나오는 것은 정치가 제 기능을 하지 못하고 있다는 징표에 다름 아니라는 주장이다.

정치의 기능이 무엇인가? 사회적 갈등의 조정을 제도화하는 것이다. 어느 사회나 계급, 지역, 인종, 세대, 이념, 종교 등 갈등은 있기 마련이다. 이런 갈등을 제도적 틀 안에서 조정함으로써 갈등이 폭발하지 않도록 만들어주는 것이 바로 정치가 할 일이다. 그런데 정치가 그런 갈등 조정의 기능을 하지 못할 때 사회적 약자들은 골리앗 꼭대기로 올라가거나 촛불을 들고 거리로 나올 수밖에 없는 것이다. 그리고 극단적인 경우는 무장 투쟁이라는 선택을 하기도 한다.

몇 년 전 정부가 성매수 처벌을 법제화하려 하자 일부에서 풍선효과론을 동원해 반대한 적이 있다. 풍선의 한 쪽을 누르면 그곳은 들어가는 반면 다른 쪽이 팽창되는 것처럼 성매매 단속을 하면 다른 변형된 성매매가 늘어난다는 논리였다. 그 논리를 빌리자면 사회적 갈등도 풍선 효과가 있다. 갈등의 총량은 일정한데 제도 정치가 문제를 해결하지 못하면 갈등은 다른 곳에서 팽창해 거리로 터져 나올 수밖에 없다. 이 점에서 역설적으로 표현하면, 나는 우리 정치권이 사회적 갈등들을 잘 조정하고 정치가 제 기능을 함으로써 외국에서 부러워하는 촛불 시위와 골리앗 투쟁, 거리의 정치가 우리 사회에서 사라지는 모습을 보고 싶다.

이석기 사태에 대해 나는 이 지면에 쓴 글 〈이석기를 넘어서〉에서 주체사상과 종북주의는 시대착오적이지만 허용해야 하며 사법 처벌이 아니라 국민의 선택에 따라 고사시켜야 한다고 주장했다. 만일 우리가 어떤 사상을 틀렸다는 이유로 금지한다면 언젠가 다른 사람들이 내 생각을 틀렸다고 금지할 수 있다는 점에서 자유민주주의의 핵심은 옳은 주장만이 아니라 틀린 사상도 주장할 수 있는 자유를 보장하는 데 있기 때문이다.

그러나 박근혜 정부와 새누리당은 한술 더 떠 이석기 사건을 기화로 아예 통합진보당을 해산하려 하고 있다. 이런 모습을 바라보며 염려되는 것이 바로 풍선 효과다. 만일 통합진보당을 해산한다면 그 지지자들은 어디로 가겠는가? 통합진보당 지지자 중 얼마나 많은 사람이 주체사상 신봉자와 종북주의자들인지 알 수 없지만, 아마도 극소수일 것이다. 그러나 종북주의라는 의심을 받고 있는 통합진보당 지지자라는 이유로 통합진보당 당원들과 지지자들을 북한식으로 강제 집단 수용소로 보내 사상 교화 작업을 할 것인가? 지금 정부와 새누리당이 하는 짓을 봐서는 그러지 못할 것도 없다는 걱정이 들기는 하지만, 설마 그러기야 하겠는가.

박근혜 정부에 묻고 싶다. 통합진보당을 해산한다고 그 지지자들의 생각이 바뀌리라고 생각하는가? 잊지 말아야 할 것은 박근혜 정부가 통합진보당은 해산할 수 있을지 모르지만 그 지지자들의 생각과 사상을 해산하지는 못한다는 사실이다. 결국 통합진보당을 해산하겠다는 말은 그 지지자들에게 군사 독재 시절의 급진 세력처럼 지하로 들어가 지하당을 하라고 사주하는 것에 다름 아니다. 합법 정당이 지하로 내려가는 풍선 효과만 생길 뿐이다.

사실 우리는 박정희 시절 대표적인 지하당 조직인 통일혁명당부터 이석기 의원이 관련돼 사법적 처벌을 받은 민족민주혁명당에 이르는 오랜 지하당의 어두운 역사를 갖고 있다. 수만 명에 이르는 통합진보당 당원, 나아가 지지자 수를 고려할 때, 이번에는 과거하고 차원을 달리하는 초대형 지하당이 될 것이다. 정부와 새누리당에 묻고 싶다. 정말 다시 낡은 지하당 시대로 돌아가고 싶은가?

《경향신문》 2013년 11월 18일

문재인의 정치적 감각

문재인 의원이 본격적인 기지개를 켜기 시작하면서 논쟁의 중심으로 떠오르고 있다. 이 모습을 지켜보면서 문 의원에 대해 내가 쓴 글들을 돌아보게 된다.

나는 '문재인 바람'이 불기 전인 2011년 여름 그가 차기 야권 주자가 될 가능성이 가장 높다는 글을 썼다. 그 이유로 지역주의의 현실 속에서 호남을 넘어 비호남 표를 가져올 수 있으면서도 '짝퉁 한나라당'인 손학규 전 의원과 달리 정통성에 하자가 없으며, 친노 중 드물게 품격을 갖추고 있는 점을 들었다.

예측대로 문 의원은 민주당의 대권 주자로 부상하기 시작했다. 나는 지난해(2012년) 초 이 지면에서 문 의원이 대선에서 이기기 위해서는 비전과 정책적 콘텐츠를 갖추고, 노무현을 넘어서야 하며, 권력 의지를 가져야 한다고 충고했다(〈문재인의 운명?〉, 《경향신문》 2012년 2월 27일). 대선 후보가 된 뒤에는 문 의원이 해야 할 가장 중요한 일은 공약을 가다듬거나 안철수와 후보 단일화를 하는 것이 아니고, '이해찬-박지원 담합 체제'로 상징되는 낡은 민주당을 혁신하는 것이라고 조언했다(〈문재인의 첫 번째 할 일〉,《경향신문》2012년 9월 17일).

그러나 문 의원은 전혀 그렇게 하지 못했다. 박근혜 대통령이 당의 색깔을 보수 세력이 그토록 싫어하는 빨간색으로 바꾸고 경제 민주화를 주장하고 나서는 등 혁신하고 있을 때 문 의원은 민주당을 혁신하는 모습을 보여주지 못했다. 그 결과는 당연히 패배였다. 국정원의 대선 공작하고는 별개로, 누가 제 당 하나 바로잡지 못하는 정치인에게 나라를 맡기겠는가.

1년 뒤 문 의원은 대권 재도전을 시사하며 정치의 중심으로 재부상하고 있다. 그러나 바뀐 게 별로 없는 것 같다. 지난 1년간 새로운 비전이나 콘텐츠를 보충한 것 같지 않다. 그렇다고 노무현을 넘어선 것도 아니다. 오히려 NLL 파동을 거치며 '노무현 지킴이'라는 이미지가 강화되고 말았다. 칼을 갈며 민주당을 혁신하려는 의지나 구상으로 무장한 것 같지도 않다. 변한 것이 있다면 딱 하나, 강한 권력 의지가 생긴 듯하다. 여당과 야당, 나아가 우리 사회 전체가 국정원 문제 등으로 두 편으로 나뉘어 파국으로 치닫고 있는 지금 국면에서 아닌 밤중에 홍두깨 식으로 대선 재도전 의사를 표명하고 나선 것이 이런 권력 의지를 잘 말해주고 있다.

지금이 대선 재도전 의사를 밝히고 나설 때인가? 본인이 주도적으로 밝힌 것이 아니라 기자의 질문에 답했다고 해도 마찬가지다. 지금은 그런 것을 말할 때가 아니라고 잘랐어야 했다. 또한 왜 하필 지금 국면에서 민감하기 짝이 없는 책을 출간하는가?

정말 이해되지 않는 것은 문 의원의 정치적 감각이다. 정치는 언제 무슨 이야기를 하느냐가 중요한 '타이밍의 예술'이다. 엉뚱한 타이밍은 이번만이 아니다. 문 의원의 행보를 보면 저렇게 타이밍을 잘 못 맞추기도 어렵다는 탄식이 나올 때가 한두 번이 아니다. 지난 10월에도 당에 맡겨놓아야 할 권력 기관들의 불법 대선 개입 의혹에 대해 자신이 직접 공격을 하고 나서 대선에 불복하려는 것이냐는 반격의 빌미를 새누리당에 준 적이 있다.

민주당을 수렁으로 몰고 간 NLL 발언을 비롯해 문 의원의 행보를 보면 엉뚱한 타이밍의 엉뚱한 발언으로 새누리당을 위기에서 구해주는 '구원 투수'가 아닌가 하는 생각까지 들어 화가 난 적이 여러 번이다. 아니다. 문 의원이 정확히 정치의 타이밍을 읽고 있는지도 모른다. 야권을 대표하는 '국민의 지도자'가 아니라 '민주당과 야권이야 망하건 말건 친노와 나만 잘 되면 그만'이라는 '정파 지도자'로 자신을 자리매김하고 자기가 뉴스의 중심에 서도록 적절한 타이밍에 '노이즈 마케팅'을 하고 있는지도 모른다. 설사 민주당이 국민의 신뢰를 회복하지 못해 정권 교체에 실패하더라도 적절한 타이밍에 노이즈 마케팅을 해 반새누리당의 대표 주자로 자신을 각인시켜 야권의 주도권을 쥐는 것이 목표인지도 모른다.

그러나 문 의원의 품격을 볼 때 그렇지 않으리라고 믿는다. 대선에서 48퍼센트의 지지를 얻은 문 의원은 야권의 중요한 자원이고 가장 유력한 차기 대권 주자다. 그런 만큼 정치적 감각을 갖춰야 한다. 또한 현안은 당 지도부에 맡기고 민주당 혁신, 노무현 넘어서기, 비전과 콘텐츠 갖추기 등 밀린 숙제들을 해야 한다. 그것만이 2017년에 '2012년의 비극'을 반복하지 않는 길이다.

《경향신문》2013년 12월 9일

기간산업의 사유화를 넘어서

박근혜 정권 첫 해가 저물어가고 있다. 그것도 막무가내식 철도 '민영화' 조치 강행이 몰아온 철도 파업과 노동 총파업이라는 파국으로 말이다. 엄청나게 긴 세월이 지나간 줄 알았는데 이제 박근혜 정부의 첫 해가 지나간 것에 불과하다니, 남은 4년이 아득하기만 하다.

시급한 문제는 '철도 쪼개기'라는 변형된 민영화 정책을 넘어서 철도 사태를 해결하는 것이다. 그러나 거기에 그쳐서는 안 된다. 이번 사태를 계기로 우리는 김대중 정부 때부터 추진하고 박근혜 정부가 가속시키고 있는 전기, 철도, 가스 등 국가 기간산업의 민영화, 아니 정확히 표현해 '사유화'(민영화는 국가 소유를 사유 재산으로 만든다는 'privatization'을 번역한 말로 왜곡된 번역의 극치다)에 대해 근본적으로 다시 생각하고 대안을 찾아야 한다.

반드시 참고해야 할 것이 2001년 미국 캘리포니아 주에서 일어난 충격적인 단전 사태다. 캘리포니아 주는 경쟁 체제를 도입해 전력 요금을 낮춘다는 명목으로 전기를 사유화하지만 그 결과 전기 요금이 오히려 폭등했을 뿐 아니라 폭리를 취하려는 전기 회사들의 조작 때문에 낙후한 제3세계에서나 볼 수 있는 단전 사태가 최첨단의 실리콘 밸리에서 벌어졌다. 주목할 것은 이 소동 속에서도 단전 사태가 벌어지지 않은 유일한 지역이 있다는 사실이다. 그곳은 전기를 사유화하지 않은 로스앤젤레스다.

아이러니하게도 김대중 정부는 전력과 철도 등 기간산업의 사유화를 강력하게 추진하고 있었다. 캘리포니아 주립대학교 로스앤젤레스 캠퍼스UCLA에 교환교수로 가 있으면서 이 과정을 생생히 목격한 나는 한전 등 기간산업을 사유화해서는 안 되며 대안으로 각계 대표로 구성된 공기업개혁위원회를 만들어 합리적 개혁 방안을 마련해야 한다고 여러 칼럼을 통해 주장했다. 그러나 김대중 정부는 한전 사유화 정책을 계속 강행했고, 그 결과가 현재의 전력 위기, 나아가 철도 사태다. 김대중 정부는 한전의 발전 부문을 6개로 나누어 분할 사유화했고, 그 결과 재벌 발전 회사들은 엄청난 수익을 누리고 있는 반면 국민 기업인 한전은 적자가 누적되고 있다.

주목할 것은 철도 사유화를 둘러싼 정치권의 공방, 특히 그중에서도 문재인 의원의 발언이다. 철도 쪼개기와 사유화에 대해 민주당이 반대하고 나서자 여권은 김대중 정부와 노무현 정부가 이 정책을 먼저 추진했다며 원조 철도 민영화 정권이라고 비판했다. 그러자 문재인 의원은 참여정부는 철도 민영화에 반대하는 입장이었고 "그 전 정부까지 도도하게 이어져온 민영화의 흐름을 입법에 의한 철도공사화로 저지했다"고 말했다.

물론 민영화의 흐름을 도도하게 추진했다고 문 의원이 지목한 '그 전 정부'에는 당연히 현재의 민주당이 뿌리를 두고 있는 김대중 정부도 포함된다. 또한 참여정부와 문 의원이 하는 변명하고 다르게 진보 진영과 학계는 공사화를 민영화 1단계로 생각하고 있다. 이 점에서 문 의원이 단순히 참여정부를 대변하는 친노의 정파 지도자가 아니라 김대중 정부를 포함한 자유주의적 정치 세력과 민주당 전체를 대표한 대선 후보였고 유력한 차기 주자라면 김대중 정부는 책임이 있지만 참여정부는 책임이 없다고 발뺌을 해서는 안 된다. 오히려 김대중 정부와 노무현 정부가 추진한 민영화 정책에 대해 총체적으로 반성과 사과를 하고 이번 기회에 기간산업에 대한 근본적 개혁 방안을 논의하자고 제안하고 나서야 했다.

사실 시민사회의 반대에도 불구하고 한-미 자유무역협정FTA은 누가 추진했고 쌍용자동차는 누가 해외 매각했나? 김대중 정부인가? 참여정부다. 그렇다고 이 문제들이 사회적 이슈가 됐을 때 김대중 정부 출신의 민주당 정치인이 그 일은 참여정부가 한 일이지 김대중 정부가 한 일은 아니니 책임이 없다고 주장한다면, 그런 사람이 민주당 전체를 대표하는 지도자가 될 수 있겠는가? 한-미 FTA는 참여정부가 추진한 핵심 정책이다. 그러나 이명박 정부가 이 협정을 재협상하고 본격적으로 시행하자 민주당은 과거에 자신들이 한 행동에 대한 제대로 된 반성이나 사과 없이 반대 투쟁에 나서 비판받았다.

기간산업 사유화에 관련해서는 이런 잘못을 반복하면 안 된다. 이번 철도 사태를 통해 기간산업의 미래를 살리는 첫걸음은 민주당이 그동안 자신들이 추진한 사유화 정책에 대해 진지하게 자기반성과 공개 사과를 한 뒤 범국민적인 대안 논의를 조직하는 것이다. 이 과정을 통해 박근혜 정부를 압박하는 것이다.

《경향신문》 2013년 12월 30일

종북의 희화화

박근혜 정부 원년인 2013년은 어떻게 기억될 것인가? 가장 먼저 떠오르는 것은 문재인 의원의 잘못된 대응으로 일파만파 커져버린 NLL 논란과 충격적인 국정원 관권 선거 개입이다. 그러나 정치학자로서 박근혜 정부 원년을 한마디로 요약하라고 주문한다면 나는 '화장발'이라고 말하고 싶다.

그렇다. 경제민주화론으로 상징되는, 지난 대선 과정에서 보여준 개혁적 보수주의자로서 박 대통령의 모습은 대선 과정에서 자신의 본얼굴을 가리고 표를 얻기 위해 덧칠한 '화장발'에 불과하다는 것을 지난 1년은 잘 보여주고 있다. 지난 1년간 경제 민주화 등 선거 때 덧칠한 화장발은 다 사라지고 '원칙'과 '비정상의 정상화'라는 미명하에 드러난 새 정부의 '생얼'은 융통성 없는 '꼴보수'의 전형이다. 그리고 그 중심에는 시대착오적인 종북몰이가 자리잡고 있다.

종북주의와 종북 세력이란 북한의 직접적인 지령을 받거나, 그렇지 않더라도 북한의 주체사상을 신봉하고 3대 세습과 핵 무장처럼 잘못된 정책까지 (넓은 의미에서) 옹호하는 세력을 가리키는 엄밀한 개념이다. 그런 종북 세력이 우리 사회에 존재하는 것은 부인할 수 없는 사실이지만, 그 규모는 극소수에 불과할 것이다. 종북으로 자주 비판받고 있는 통합진보당 안에서도 소수에 불과할 것이다. 그리고 이 지면에 쓴 다른 글에서 주장했듯이, 그런 종북주의는 시대착오적인 생각이지만 그럼에도 불구하고 사상의 자유를 인정해야 하며 사법적 처벌이 아니라 시민들의 정치적 판단에 따라 도태시켜야 한다.

그러나 박근혜 정부는 종북의 개념을 제멋대로 확대해 자신들에게 반대하고 비판적인 세력들은 모두 종북으로 몰아갔다. 하다못해 김대중 정부와 노무현 정부, 민주당의 햇볕 정책도 결과적으로 북한을 도와줬으니 종북이라는 식의 논리다. 따라서 지난 대선에서 민주당에 표를 던진 48퍼센트의 국민을 사실상 종북으로 본 것이다. 이런 종북몰이는 급기야 가톨릭의 원로 신부까지 종북으로 몰고가는 사태로 발전했다.

물론 연평도 포격, 천안함 사건 등에 대해 언급한 이 신부의 발언은 뜻은 충분히 이해하지만 표현 등에서 적절하지 못했다. 그렇다고 원로 신부를, 그것도 대통령이 직접 나서 종북으로 몰아가며 엄벌을 촉구한 것은 창피한 일이다. 이런 종북 개념의 무한 확대와 무분별한 종북몰이는 자신들의 의도와 달리 종북을 희화화하는 결과를 가져오고 말았다.

이석기 사건을 접하면서 진보 진영 내부를 잘 알고 있는 사람들은 이 사건이 단순한 조작만은 아니라 상당한 실체가 있을 것이며 걱정하던 사태가 드디어 터졌다고 생각했다(민주화 진영에서 대선을 겨냥한 조작 사건이라고 주장한 1992년의 조선노동당 중부지역당 사건도 필자가 직접 참여한 국가정보원 과거사 진상 조사 결과 상당히 실체가 있는 사실인 것으로 밝혀졌다). 그리고 이제 주체사상파와 통합진보당은 끝장이 났다고 생각했다. 진보 진영의 내부 사정을 모르는 대중들도 통진당이 정말 문제가 많은 종북 세력이라고 생각하게 됐다. 그러나 그 뒤 사정은 급변했다.

가톨릭 사제를 포함해 자신에 반대하는 세력은 모두 종북으로 몰아가고 종북을 희화화하면서 대중, 특히 야권 성향 유권자들 사이에는 이석기 사건과 통진당은 종북 세력이 아니고 시대착오적인 종북몰이의 정치적 희생양이라는 인식이 늘어났다. 박근혜 정부가 다 죽어가는 통진당을 정치적으로 복권해주고 말았다.

중요한 시금석은 지방선거가 될 것이다. 이번 지방선거는 야권 연대 속에 민주노동당과 그 후신인 통진당이 약진한 2010년 지방선거나 2012년 총선과 전혀 다를 것이다. 우선 제3의 정치 세력인 안철수당이 출현할 것이다. 그리고 지난 여러 선거에서 위력을 발휘한 반한나라당, 반새누리당 선거 연대가 다시 실현된다고 하더라도 민주당이 통진당하고는 손을 잡지 않을 것이다. 따라서 통진당이 예전 같은 성과를 거두지는 못할 것이다. 그러나 현재의 위기에서 벗어나 재기의 발판을 마련할 가능성이 매우 높다. 이석기 사건에 대한 사법적 판결이 어떻게 날지는 알 수 없다. 그러나 그런 사법적 판결 결과에 상관없이 통진당은 박근혜 정부의 무분별한 종북몰이와 종북의 희화화 덕에 정치적으로는 사실상 이미 면죄부를 받은 것이나 다름없다.

《경향신문》 2014년 1월 20일

김상곤 교육감께

김상곤 선배님, 잘 지내시지요. 경기도 교육감으로 교육 혁신을 위해 얼마나 고생이 많으십니까? 이렇게 펜을 든 것은 오는 2014년 지방선거에 관련해 안철수 진영에서 선배님을 경기도 도지사 후보로 영입하려 노력하고 있으며 선배님이 여기에 응할 가능성이 적지 않다는 이야기가 들려오기 때문입니다. 다행히 한 언론에 익명의 측근이 한 발언이라며 그런 가능성을 부인하는 보도가 나오기는 했습니다만, 노파심에서 펜을 들었습니다.

안철수 신당이 지역주의에 기초한 보수 양당 체제를 혁파함으로써 한국 정치에 긍정적인 영향을 끼칠지, 아니면 야권 분열을 통해 부정적 영향을 더 크게 끼칠지는 논쟁거리입니다. 그러나 순수 가정으로 긍정적 영향을 끼친다고 하더라도, 선배님은 안철수 신당으로 가서는 안 됩니다.

선배님은 저보다 먼저 진보적 교수 운동을 대표하는 민주화를 위한 전국교수협의회(민교협) 공동의장을 지내고 이어서 전국교수노동조합 위원장까지 지낸, 진보적 대학교수 운동의 상징이기 때문입니다. 박원순 시장이 시민운동을 대표하는 대중 정치인이라면 선배님은 '진보적 민중운동'을 대변하는 대중 정치인입니다. 교육감은 정당 후보로 출마하지 않기 때문에 어느 간판으로 출마할지는 문제가 되지 않았습니다. 그러나 도지사처럼 정당 후보로 나가야 한다면, 당연히 민주당보다 보수적인 안철수 신당 후보로 나간다는 것은 말이 되지 않습니다. 오히려 민주당보다 왼쪽 노선을 갖는 정당 후보로 나가야 합니다.

선배님은 그동안 몸담은 진보적 민중운동을 떠나 2009년에 민선 정무직인 교육감 선거에 나서서 한국 정치에 엄청난 기여를 하셨습니다. 많은 사람들이 잘 인식하지 못하지만, 오세훈을 낙마시키고 박원순 서울시장 체제를 만들어낸 무상급식 논쟁부터 현재 가장 첨예한 쟁점이 된 복지 논쟁을 촉발한 사람이 바로 선배님입니다.

민주당은 김대중 정부와 노무현 정부의 신자유주의 정책으로 유례없는 양극화를 초래해 분배에 실패함으로써 2007년 대선에서 참패했습니다. 그럼에도 불구하고 성장이 아니라 분배만 이야기해 패배했다는 엉뚱한 진단에 기초해 '뉴민주당 플랜'이라는 이름 아래 당의 우경화를 추진했습니다. 바로 그때 선배님은 무상급식을 내걸어 승리함으로써 민주당을 왼쪽으로 견인하고 복지 논쟁의 불을 붙였습니다. 이 역사적 사실과 교육감 시절에 보여준 업적을 고려할 때, 선배님은 교육감을 넘어서 경기도지사, 나아가 더 중요한 공직을 향해 뛰어야 한다고 믿어 의심치 않습니다.

그러나 그런 사실 못지않게 중요한 것이 있습니다. 그럴수록 어렵더라도 정도를 걸으며 원칙을 지켜서 그런 성과를 얻어야 한다는 사실입니다. 우리는 이런 사실을 멀리는 소련과 동구권의 실패부터 박정희의 개발 독재, 나아가 민주 투사 출신인 양김의 사당 정치, 386 정치인의 행태까지 반면교사로 삼아 뼈저리게 깨우친 적이 있습니다. 다시 말해 목적만 옳으면 수단은 중요하지 않다는 결과제일주의의 비극을 잘 알고 있습니다.

선배님은 노무현 전 대통령을 계승한다면서도 정치적 필요에 따라 지역구를 이러저리 옮기는 등 기회주의적 처신으로 자멸한 유시민 전 의원의 길을 가서는 안 됩니다. 새 정치를 이야기하면서도 고향이자 새누리당의 본거지인 부산으로 가 지역주의에 맞서 정면 승부하는 것이 아니라 삼성의 불법 행동에 의원직을 잃은 노회찬 전 의원의 등에 칼을 꽂고 그 자리를 차지하는 안철수의 길을 가서도 안 됩니다. 당장은 지더라도 원칙을 지켜 국민을 감동시키고 궁극적으로는 승리하는 '바보 노무현'의 길을 가야 합니다. 잘 아시겠지만, '무엇이 되느냐' 못지않게 중요한 것이 '어떻게 되느냐'입니다.

그렇다고 이번 선거에 선배님이 도지사로 나갈 길이 막혀 있다고는 생각하지 않습니다. 야당들이 대승적으로 합의해 선배님을 경기도 도지사 후보로 추대하는 길이 남아 있습니다. 민주당, 안철수 신당, 진보 정당들 등 여러 야당들의 존재를 생각할 때 이럴 경우 형식은 무소속이지만 선거용 '페이퍼 정당'의 후보가 될 것입니다. 저는 이것이 경기도 도지사 선거에 관한 한 야권이 취할 수 있는 최선의 선택이라고 생각합니다. 이 선택이 현실화되기를 기원합니다.

《경향신문》 2014년 2월 10일

진정한 통합

'쉽지 않은 선택No Easy Choice'. 세계적인 정치학자 새무얼 헌팅턴의 책 제목이다. 경제 발전이냐 민주주의냐? 성장이냐 분배냐? 제3세계 앞에는 이렇게 쉽지 않은 선택이 놓여 있다는 주장이다.

요즘 떠오르는 것이 이 책 제목이다. 최근 상한가를 치고 있는 김상곤 경기도 교육감만 해도 그렇다. 곧 자신의 결정을 밝히겠지만, 교육감 3기냐 도지사 도전이냐 하는 선택은 쉽지 않다. 진보적 교수노조 운동의 상징인 김상곤 교육감은 교육감 선거에 나서 무상급식을 공약으로 내걸어 복지 논쟁을 촉발시켰을뿐더러 혁신학교와 창의지성교육 등 낙후한 한국 교육을 혁신하는 데 중요한 성과를 남겼다. 따라서 교육감을 더 하면서 자신의 교육 혁신을 어느 정도 완성하고 싶을 것이다. 특히 마땅한 후계자가 보이지 않는 상황에서 도지사 선거에 나갔다가 보수적인 교육감이 당선해 어렵게 쌓은 성과를 허물어버릴 수 있다는 점을 고려하면, 도지사 출마는 쉽지 않은 선택이다.

그러나 여야, 나아가 진보 정당들도 희망이 되고 있지 못한 상황에서 자신을 정치의 무대로 불러내는 '시대의 부름'을 외면할 수만은 없을 것이다. 사실 고민스러운 것은 이 선택이 단순히 경기도지사 선거를 넘어 2014년 지방선거 전체에 중요한 함의를 갖고 있기 때문이다. 지방선거에서 민주당과 안철수 의원의 새정치연합이 연대를 하지 않을 경우 새누리당의 압승은 자명하다. 따라서 새정치연합이 영입에 공을 들여온 김 교육감의 도지사 출마는 야권 연대의 촉매가 될 수 있다. 민주당 당원이 현역인 서울시와 인천에 이어 경기도까지 민주당 후보가 나설 경우 선거 연합은 어렵다. 그러나 김 교육감이 야권 단일 후보로 나설 경우 연대가 쉬워진다. 그리고 이런 실험에 기초해 부산에서도 지지도가 높은 오거돈 전 해양수산부 장관을 야권 단일 후보로 만드는 등 야권 연대의 새로운 모형을 제시함으로써 지방선거에 새로운 바람과 희망을 불어넣을 수 있을 것이다.

정치의 딜레마, 정확히 표현해 정치적 선택의 딜레마와 여기에 따른 쉽지 않은 선택은 김 교육감에게 국한되지 않는다. 야권 연대를 포함한 야권의 지방선거 전략과 야권의 미래도 마찬가지로 딜레마고 쉽지 않은 선택이다. 앞에서 지적한 대로 야권 연대가 없는 지방선거는 결과가 뻔하다. 그러나 문제는 야권이 연대를 해 지방선거에서 승리한다고 해도 한국 정치의 미래가 밝아지거나 희망이 생기지는 않는다는 점이다. 연대를 통해 야권이 승리하면, 어차피 희망이 없는 민주당은 2010년 지방선거처럼 다시 한번 선거 결과에 안주해 당 혁신을 미뤄서 다음 총선과 대선에서 더 큰 패배를 할 것이기 때문이다. 달리 말해 암환자에게 진통제를 줘 일시적으로 고통만 잊게 하는 결과, 아니 근본적인 수술을 늦춰 병만 악화시키는 결과만 가져올 것이다.

 사실 다가오는 총선과 대선, 나아가 한국 정치의 미래를 생각하면 지방 선거에서 야권 연대가 성사되지 않아 민주당과 야권이 참패해야 하는 것이 아닌가 하는 생각까지 든다. 민주당만이 아니다. 새정치를 이야기하면서도 낡은 정치인들을 대거 영입해 사실상 '재활용 정당'이 되고 있는 새정치연합도 참패를 해야 위기의식을 느낄 것이다. 별로 논의하고 싶지 않은 통합진보당은 논외로 하더라도 정의당과 노동당 등 진보 정당들도 혁신을 위해서는 존폐의 위기가 필요하다.

 그러나 그렇다고 야권 연대를 하지 않아 지방선거에서 새누리당이 압승을 거둠으로써 가뜩이나 불통으로 나가고 있는 박근혜 정부에 날개를 달아줄 수도 없지 않은가. 지방선거에서 야권 연대를 할 것이냐 하는 문제는 정치적 딜레마고 쉽지 않은 선택이다.

《경향신문》 2014년 3월 3일

＊후기＊

원고를 보낸 뒤 민주당과 새정치연합이 신당 창당을 선언했다. 김 교육감을 영입하려는 두 당의 노력이 매개가 된 것 같고, 공멸의 위기가 야권 연대를 택하게 만들었다. 따라서 지방선거 참패는 면하게 됐다. 그러나 두 정치 세력이 근본적 혁신을 하지 않는 한 '연대를 통한 지방선거 참패 회피'가 오히려 총선과 대선이라는 더 큰 선거의 패배로 귀결될 것이라는 내 논지는 변함이 없다. 결국 문제는 통합의 질과 콘텐츠다. 내용이 담보되지 않은 통합은 지분과 계파 싸움으로 독이 될 것이 뻔하다.

사당화와 우경화, 그리고 '새정치'

"민주당과 안철수가 합쳐 신당을 만들기로 한 것은 지방선거에서 공멸을 면하게 됐다는 점에서 다행이다. 그러나 문제는 통합의 질과 콘텐츠로서, 근본적인 혁신이 동반되지 않은 통합은 오히려 재앙이 될 것이다." 두 당의 통합을 전하는 뉴스를 접하며 지난 칼럼(2014년 3월 3일자)에서 지적한 내용이다. 이후 통합 과정을 보고 있자니 염려대로 통합의 내용이 엉뚱한 방향으로 가고 있다는 느낌을 지울 수 없다.

우선 통합 과정이다. 낡은 정치의 전형인 민주당은 그렇다고 치자. '새정치'를 내걸고 입만 열면 국민을 이야기해온 안철수 의원이 새정치연합 내부의 민주적 논의 없이 혼자 합당을 결정하고 밀실에서 합의하는 것이 새정치인가? 당을 단순히 개인 소유물로 간주하는 3김식 사당 정치, 직원들과 전혀 상의하지 않은 최고 경영자ᴄᴇᴼ의 일방적인 인수 합병 결정이 안 의원이 이야기해온 '새로운 시대의 새 정치'이고 '새 술을 새 부대에 담는 것'인가? 소도 웃을 이야기다. 잡음이 생기고 삐걱대더라도 민주적 논의를 거치는 것이 새로운 정치, 아니 '새로운'이라는 형용사도 필요 없는 '상식의 정치'다.

통합의 내용도 마찬가지다. 통합 논의를 보고 있노라면, 안 의원이 새정치를 민주당과 민주 세력의 우경화로 이해하고 있는 것이 아닌가 하는 의심을 버릴 수 없다. 민주당을 우경화시켜 새누리당에 가까이 가는 것이 새정치인가? 사실 개인적으로 안 의원이 정치를 시작할 때부터 가장 염려한 것이 바로 이 부분이다. 우리가 자문해봐야 할 질문은 새누리당과 민주당이 그 중간에 안철수 신당이 필요할 정도로 이념적으로 멀리 떨어져 있는가, 민주당은 과연 우경화가 필요할 정도로 '좌파 정당'인가다. 전혀 그런 것 같지 않다. 두 정당은 사생결단으로 싸우고 있지만 대북 정책을 제외하면 큰 차이가 없다. 최장집 교수는 두 정당 간의 투쟁을 '차이 없는 사생결단 싸움질'이라고 비판한 적이 있다.

2005년 노무현 대통령은 지역주의 극복을 위한 선거 제도 개혁을 조건으로 한나라당에 대연정을 제안했고, 이 제안에 당시 여당 대표인 고 김근태 의원 등이 강하게 반발했다. 그러자 노 대통령은 답했다. "사실 한나라당과 우리랑 별 차이가 없다." 솔직한 고백이다. 한-미 FTA, 쌍용차 해외 매각, 제주 해군기지 건설 등을 모두 노무현 정부가 추진했다. 그리고 연정에 격렬히 저항한 김근태 대표는 얼마 뒤 노동계와 민주노동당의 반대에도 노동법 개악안을 한나라당과 사이좋게 손잡고 날치기 통과시켰다.

사정이 이런데도 새 통합 야당이 우경화한다면 한나라당과의 이념적 차이는 더욱 없어질 것이다. 그리고 두 정당 간의 의미 있는 차이는 지지 기반인 지역밖에 남지 않아 지역주의가 오히려 강화될 염려까지 있다. 그럴 바에는 노태우 구상(대통령 시절 여소 야대를 극복하기 위한 방안으로 만들어졌는데, 그 뒤 3당 합당으로 변형돼 실현됐다)처럼 새누리당과도 통합해 일본의 자민련 같은 거대 보수 대연합을 만들고 군소 진보 정당을 키우는 편이 차라리 나을 것이다. 그런 편이 안 의원이 강조하는 국민 통합에도 나은 것 아닌가? 한 당인데 아무래도 덜 싸울 것 아닌가? 그리고 중원, 곧 중도적 유권자를 잡기 위해 우경화가 필요한가?

민주당은 2007년 대선 패배 뒤 '뉴민주당 플랜'이라는 똑같은 논의를 한 적이 있다. 그러나 이어진 무상급식 논쟁과 이 논쟁을 발판으로 한 민주당의 승리가 보여주듯이 우경화가 승리라는 공식은 착각일 뿐이다. 더욱 한심한 점은 이런 과정에서 4·19와 6·15 선언 등을 정강 정책에서 삭제하겠다고 대변인이 공식으로 밝히고도 여론의 지탄을 받자 사실무근이라고 오리발을 내민 안 의원의 낡은 정치 행태다. 소신이 그렇다면 정정당당하게 논쟁을 하거나 생각이 짧았다고 깨끗하게 사과를 하는 것이 새 정치다(여론이 심상치 않자 안 의원은 뒤늦게 사과했다).

이 모든 문제에도 불구하고 안 의원은 여전히 정치 개혁의 중요한 자산이다. 문제는 안 의원이 시행착오를 끝내고 빨리 제자리를 찾을 수 있느냐다. 안 의원은 더 늦기 전에 초심으로 돌아가 통합 논의를 처음부터 다시 시작해야 한다. 그것만이 안 의원이 기대에 걸맞게 낡은 정치를 혁신하고 한국 정치를 발전시킬 수 있는 길이다. 안 의원은 자문해야 한다. 사당화와 우경화가 안 의원이 원하고 시대가 필요로 하는 새 정치인가?

《경향신문》 2014년 3월 24일

안철수는 거품인가

안철수는 거품인가? 시끄럽던 기초의원 소동이 공천으로 결론이 났다. 이 일을 계기로 2014년 3월 안 의원이 민주당과 통합을 선언한 때부터 지금 까지 40여 일간을 되돌아보며 갖게 되는 의문이다.

먼저 통합 당시부터 새 당의 지지율은 기대만큼 높지 않았다. 게다가 계속 하락세를 보여왔다. 물론 두 세력이 하나로 합쳤으니 새 당의 지지율이 통합 이전 민주당의 지지율보다 높은 것은 당연하다. 그러나 안철수 새정치민주연합 공동대표가 누리던 높은 지지율, 지난 2012년 대선에서 야권 통합 후보인 문재인 의원이 얻은 48퍼센트대의 득표율에 견주면 새 당의 지지율은 기대 이하다. 그동안 안 대표가 누린 높은 지지율이 안 대표 개인 에 대한 지지도 있지만 새누리당과 민주당이라는 낡은 거대 지역 정당에 비판적인 무당파가 보낸 지지라는 점을 보여준다. 따라서 안 대표가 민주 당과 손을 잡자 실망해 새 당의 지지로 전환하지 않은 것이다.

중요한 것은 두 당의 통합 방식이다. 그 방식이 국민들에게 감동을 주고 희망과 신바람을 불러일으키지 못하고 있다. 그런 배경에 대해서는 뒷말이 많지만, 어쨌든 안 대표가 박원순 후보를 만나 자신이 양보하고 지지율이 낮은 박 후보의 손을 들어줄 때만 해도 국민들에게 감동을 줬다. 그러나 지난 대선 문재인 후보와 후보 단일화를 할 때도, 이번 통합 때도 국민들의 마음을 움직이지 못했다. 아름다운 후보 단일화에, 아름다운 양당 통합에 실패함으로써 통합의 시너지 효과를 제대로 내지 못한 것이다.

더욱 한심한 것은 이런 과정에 따른 기대 이하의 지지율에 안 대표가 드러낸 반응이다. 낮은 지지율을 지적하는 말을 듣고서 "제가 부족해 그렇습니다. 앞으로 더 노력하겠습니다"라고 대답하는 대신에 "민주당이 원래 지지율 10퍼센트대 정당 아니었나요"라는 시정잡배식 빈정거림으로 쏘아붙이니 국민이 감동하고 지지율이 오르겠는가?

기초의원 문제도 마찬가지다. 한 사회관계망서비스SNS 전문가가 새정치민주연합 지지율이 하락하는 이유는 내부 역사 논쟁과 문재인 정계 은퇴 발언, 기초의원 논쟁이라고 잘 분석했지만, 기초의원 문제를 다른 각도에서 살펴보려 한다. 안철수 공동대표와 김한길 공동대표는 기초의원 무공천이라는 사소하다면 사소한 문제를 통합 명분으로 삼음으로써 첫 단추부터 잘못 끼우고 말았다. 낡은 거대 양당을 비판하며 독자 노선을 내건 안 대표가 깃발을 내리고 민주당과 통합할 정도로 기초의원 무공천이 중대 사안인가?

문제가 많은 두 남자가 있었다. 그래서 한 여자가 독신을 주장하고 나섰다. 그런데 어느 날 갑자기 한 남자와 친지들 앞에 나타나 "우리들은 점심 메뉴를 비빔밥으로 하는 데 의견이 같아서 결혼하기로 했다"고 선언한다면 사람들은 어떻게 생각할까? 논쟁이 커지자 안 대표는 기초의원 무공천에 정치생명을 걸겠다고 배수진을 쳤다. 기초의원 무공천이 자신의 정치생명을 걸 정도로 중대 사안인가? 점심 메뉴 비빔밥에 인생을 걸겠다는 것과 다름없다.

안 대표가 정말 그렇게 생각한다면 단언컨대 새정치민주연합의 미래는 없다. 그렇게 생각하지 않지만 오기로 그렇게 말한 것이라면, 그것은 또 다른 차원에서 심각한 문제다. 사실 지난 대선에서 안 의원은 국회의원 수 축소를, 이번 지방선거에서는 기초의원 무공천을 들고 나와 정작 중요한 민생 문제는 논의에서 실종시키고 말았다.

지도자의 중요한 덕목 중 하나는 중요한 것과 그렇지 않은 것을 구별하고 목표의 서열을 매기는 일이다. 그래서 큰 목표를 위해 작은 것은 양보할 줄도 알아야 한다. 안 대표도 이 점을 잘 알고 있는 것 같다. 안 대표가 기초의원 무공천 약속을 박근혜 대통령이 파기했다고 공격하자 새누리당에서는 안 대표가 독자 노선을 가겠다는 약속을 파기했다고 역공을 취했다. 그러자 안 대표 측에서는 큰 약속을 지키기 위해 작은 약속은 깰 수도 있다고 응수했다. 맞다. 궁극적인 목표는 '새 정치'고, 이 목표를 위해 독자 노선이라는 약속을 깨고 민주당하고 통합할 수 있다. 그러나 기초의원 무공천이 양당 통합의 계기가 되고 안 대표가 정치생명을 걸 정도의 큰 약속인가 하면 전혀 그렇지 않다.

안철수는 거품인가? 답하기는 아직 이르다. 그 답은 지난 40일간의 시행착오를 통해 안 대표가 무엇을 배우는지에 달려 있다.

《경향신문》 2014년 4월 14일

윤덕홍, 이재정 선생님께

윤덕홍, 이재정 선생님 안녕하십니까. 얼마 전 이 신부님이 경기도로 이사를 해 교육감에 출마하신다고 해 깜짝 놀랐습니다. 그런데 다시 윤 선배님이 서울시 교육감에 나선다는 뉴스를 듣고 충격을 받아 펜을 들었습니다.

두 분 다 제가 존경하는 분이며 교육감 자격을 갖추고도 남습니다. 또한 두 분의 출마가 우연인지, 서로 교감이 있었는지, 친노 진영의 거대한 프로젝트에 따른 것인지 알지 못합니다. 그러나 어느 경우든 출마는 잘못된 것이니 재고해주십시오.

우선 두 분 다 노무현 정부에서 장관을 지낸 '대표적인 친노 인사'로, 두 분의 출마는 정치에서 어느 정도 거리를 두고 있는 교육감 자리를 나쁜 의미에서 '정치화'시키는 기폭제가 될 가능성이 큽니다. 이 밖에 두 분의 출마를 반대하는 각각 다른 이유가 있습니다.

윤덕홍 선배님, 선배님은 제 바로 전에 민주화를 위한 전국교수협의회

(민교협) 공동의장을 지내셨습니다. 그 뒤 선배님은 노무현 정부의 교육부 장관이 되셨는데, 교육 정보를 하나의 시스템에 전산화하는 교육행정정보 시스템NEIS(나이스)을 학생 인권 등을 이유로 반대하는 사회단체들의 촛불 시위 등에도 불구하고 강행하셨습니다. 그 결과 전국교직원노동조합 위원장이 구속되고 저도 검찰에 불려가 긴 조사를 받아야 했습니다. 제 전임 의장에 반대했다가 대학 졸업 뒤 25년만에 이른바 민주 정부, 참여정부에서 조사를 받고 나오는 기분이라니.

그렇게 만든 나이스는 별 효과도 없으면서 교사들의 행정 업무 부담만 늘렸고, 여러 보완 조치에도 불구하고 학생 사생활과 인권에 관한 염려는 그대로 남아 있습니다. 따라서 선배님이 교육감에 나서는 경우 '제2의 나이스 사태'가 염려됩니다. 그것뿐만이 아닙니다.

민주 진보 진영은 그동안 서울시 교육감 단일 후보를 내기 위해 경선 과정을 거쳐 민교협 공동의장 출신인 조희연 교수를 예비 후보로 선출했습니다. 그런 마당에, 다른 사람도 아니고 민교협 공동의장 후배가 예비 후보로 당선된 마당에, 뒤늦게 출마하는 것은 말이 되지 않습니다. 특히 선배님은 단일화 과정을 몰랐다고 변명하고 있지만, 단일화 추진위 측은 단일화 과정에서 선배님에게 후보 등록 등에 관련된 사항을 자세히 알렸다고 밝히고 있습니다. 설사 단일화 과정을 몰랐다고 하더라도 이제 출마하는 것은 상식밖의 행동입니다.

이재정 신부님, 신부님은 성공회대학교를 한국을 대표하는 진보 대학으로 키우고 민주주의 발전을 위해 많은 기여를 하셨습니다. 그러나 2002년 대선 때 재벌에게서 거액의 불법 정치 자금을 받아 노무현 후보 진영에 전달한 사실이 밝혀져 감옥을 다녀왔습니다. 물론 개인 축재를 위한 돈은 전혁 아니었습니다. 그리고 신부님은 노 대통령에게서 사면을 받고 통일부 장관 등 공직까지 거치셨습니다. 따라서 출마에 법적으로는 아무 문제가 없습니다.

그러나 신부님도 교육감에 나서서는 안 됩니다. 불법 정치 자금 등 비리 관련 전과는 시민단체가 낙선 대상으로 선정하는 핵심 항목으로 대통령이 사면을 못하도록 해야 합니다. 이 점에서 자신이 빚을 졌다는 이유로 노 대통령이 신부님을 사면하고 주요 공직에 발탁한 것은 민주적 행태에서 거리가 멉니다. 노 대통령은 그렇다고 치더라도, 신부님은 다른 사람도 아니고 성직자인데 비리 관련 유죄를 받았으면 공직을 거절해야 하는 것 아닌가요? 그런데 교육감까지 출마하다니요? 만약 비리 전력이 있는 선배님이 교육감이 된다면 경기도 어린이들은 새 교육감을 보면서 무엇을 배우겠습니까? 또한 신부님은 교육감으로서 아이들에게 법을 어기고 보스에게 정치 자금을 갖다줘도 나중에 다 사면받아 장관도 하고 교육감도 하니 여러분도 법 같은 것은 신경쓰지 않아도 된다고 가르치시렵니까?

이 모든 문제에도 불구하고 두 분이 민주 진보 진영에서 가장 경쟁력이 있고 보수 후보보다는 나은 것 아니냐는 논리가 있을 수 있습니다. 두 분이 가장 경쟁력이 있는지는 따져볼 일입니다. 그러나 설사 그렇더라도 그 점이 출마를 정당화할 수는 없습니다. 바로 그런 논리가 민주 진보 진영의 도덕적 타락과 현재의 위기를 불러왔기 때문입니다.

평소 존경해온 두 분께 이렇게 비판적 공개서한을 쓰자니 가슴이 아픕니다. 그러나 이 글을 쓰는 이유도 다 두 분을 존경하고 두 분에게 애정을 가지고 있기 때문입니다. 현명한 결정을 기대합니다.

《경향신문》 2014년 5월 7일

촛불과 데자뷰

데자뷰. 어디선가 본 듯한 현상을 가리키는 말이다. 요즈음 이 단어가 불쑥불쑥 떠오른다. 어디서 본 것일까 기억을 더듬어보다가 무릎을 쳤다. 갑자기 떠오른 때는 6년 전인 2008년 5월이다.

그렇다. 이명박 대통령은 집권 초 미국을 방문해 미국산 소고기 수입을 대폭 양보했다. 그러자 광우병을 염려한 광우병 촛불 집회가 폭발적으로 터져 나와 집권 두 달 만에 엄청난 위기에 몰렸다. 광화문에 컨테이너로 '명박산성'을 짓는 등 진압에 나섰지만 시위는 일파만파 커져만 갔다. 저항이 위험 수위에 이르자 이 대통령은 끝없이 이어지는 촛불을 청와대 뒷산에서 보면서 〈아침이슬〉을 불렀다며 굴욕적인 대국민 사과를 해야 했다.

박근혜 정부도 최근 비슷한 위기에 처해 있다. 이명박 정부에 견줘 1년 늦어졌다는 차이는 있지만 세월호 참사 때문에 비슷하게 심각한 위기에 몰리고 만 것이다. 세월호는 여러 면에서 광우병 사태와 다르다. 광우병 사태는 소고기 수입에 따라 일어날지도 모르는 잠재적 위험에 대한 염려 때문에 일어난 반면 세월호는 꽃 같은 우리 자녀들을 포함한 수백 명이 실제로 목숨을 잃은 비극적인 사건이다. 원인도 다르다. 광우병 사태는 이명박 정부가 방미 선물로 국민 건강을 생각하지 않고 미국에 지나친 양보를 했다는 국민적 분노가 원인이었다. 세월호 참사를 보면, 대형 여객선의 어이없는 침몰이라는 사건 자체는 규제 완화라는 이름 아래 낡은 선박의 수입을 허가한 이명박 정부의 무책임한 살인 정책부터 황금에만 눈이 먼 악덕 기업과 비정규직 시스템까지, 이런 모든 것의 가치 전도를 가져온 신자유주의 등에 일차적 책임이 있다.

그러나 사고도 사고지만 정작 문제는 소중한 인명을 단 한 명도 구하지 못한 한심하기 짝이 없는 구조 시스템, 나아가 구조 과정에서 보여준 관료, 언론, 국회, 나아가 사회 지도층의 민낯에 있었다. 한마디로, 세월호 참사는 우리의 정치, 사회, 문화 등 모든 분야의 총체적 부실과 무능을 응축해 보여줬다.

따라서 박 대통령이 행정 수반으로서 당연히 책임이 있기는 하지만 광우병 사태에 비교하자면 상대적으로 일차적인 책임은 적다고 할 수 있다. 그러나 박 대통령은 잘못된 대응으로 비판이 자신에게 향하도록 자초했고, 그 결과 일부에서는 대통령 퇴진론까지 나오는 지경이 되고 말았다. 안타까운 일이다.

박 대통령이 이번에 보여준 문제점은 한둘이 아니지만 가장 심각한 문제는 희생자들, 나아가 국민들과 함께 슬퍼할 줄 아는 '공감 능력'의 부재다. 박 대통령은 대통령은 국민 위에 초월적으로 군림해야 한다는 '권위의 정치' 또는 '초월의 정치'에 너무 익숙해 국민과 고통을 함께하는 '공감의 정치'를 전혀 보여주지 못했다. 누적된 적폐 운운하며 자신의 책임보다는 이전 정권과 관료들만 탓하다가 여론의 거센 비판을 받고 눈물을 흘리며 직접 사과를 했지만, 많은 국민들이 여전히 박 대통령의 진정성을 가슴으로 느끼지 못하는 이유는 그 점 때문이다.

빗발치는 경질 여론에도 불구하고 김기춘 비서실장을 끌어안고, 유가족들이 국회에서 농성을 하고 있는데도 새누리당이 김 비서실장을 증인으로 채택할 수 없다며 며칠씩 버티는 상황에서 얼마나 많은 국민들이 박 대통령이 흘린 눈물의 진정성을 받아들이겠는가? 시급한 일은 공감 능력을 갖추는 것이다. 사실 공감 능력의 부재라는 면에서는 새정치민주연합도 크게 다르지 않다.

광우병 사태와 현재의 유사성을 바라보며 염려되는 것이 있다. 바로 촛불이 꺼진 이후다. 민주당은 2007년 대선 패배에 대한 뼈를 깎는 자기반성이 없이 촛불 시위, 이어진 비극적인 노무현 대통령의 죽음 덕으로 2010년 지방선거에서 승리해 오만에 빠지고 말았다. 그 결과 2012년 총선과 대선에서 패배해 박근혜 정부를 만들어줬다.

세월호 사태 때문에 새정치민주연합은 다가오는 지방선거에서 참패를 면하게 됐고, 잘하면 승리할 수도 있을 것이다. 그러나 그런 승리는 광우병 사태와 마찬가지로 '축복을 가장한 저주'가 될 가능성이 크다. 세월호 덕분에 얻게 된 예상 밖의 승리에 도취해 자기 혁신을 미루다가 2016년 총선과 2017년 대선에서 다시 한 번 패배하지 않을까 하는 염려를 떨쳐낼 수가 없다. 정말 역사는 반복하는가?

《경향신문》 2014년 6월 2일

틀린 답만 골라 찍는 대통령

한국 정치를 연구하는 한국 정치 연구자로서 안타까운 것이 많다. 그중 하나가 역대 대통령이 자신의 장점을 제대로 발휘하지 못한 경우가 너무 많다는 점이다.

노무현 전 대통령이 아주 좋은 예다. 노 전 대통령은 뛰어난 소통 능력 등 어느 대통령도 갖지 못한 탁월한 능력을 많이 갖추고 있었다. 그러나 그런 능력을 발휘하기보다는 정제되지 않은 표현 등으로 불필요한 정쟁만 불러일으킨 측면이 많다. 이명박 전 대통령도 마찬가지다. 이 전 대통령은 서울시장 시절 청계천 복원과 중앙차로제 도입이 보여주듯이 많은 이해당사자들을 끊임없이 만나 설득해 엄청난 갈등이 일어날 문제를 별 잡음 없이 해결하는 능력을 보여줬다. 그러나 대통령이 되자 이런 '소통의 정치인' 이명박은 사라지고 불도저식 현대건설 사장 이명박만 남고 말았다.

박근혜 대통령도 크게 다르지 않다. 박 대통령이 가진 많은 장점 중 하나가 품격이다. 어릴 때부터 대통령의 딸로 훈련받아서 그런지, 박 대통령은 한국 정치에서 찾아보기 어려운 품격을 갖췄다. 따라서 박 대통령이 다른 것은 몰라도 한국 정치의 품격은 한 단계 높여주리라고 기대했다. 그러나 집권 초기 윤창중 청와대 대변인 등 일련의 인사를 보고 충격을 받았다. 어떻게 박 대통령처럼 품격을 가진 정치인이 저렇게 품격 없고 막말만 하는 사람들을 중용할 수 있을까 하는 충격이었다. 그것도 한 나라를 대표하는 대변인으로 말이다.

박 대통령이 그동안 보여준 품격과 이 사람들이 종편에 나와 뱉어낸 정치 포르노 수준의 논평 사이의 대비는 가히 충격적이었다. 그러다가 곰곰이 생각해보니 박 대통령이 어릴 때부터 훈련을 받아 몸에 밴 절제와 품격 때문에 뭔가 격의 없이 막 지껄이고 마구 행동하고 싶은 억압된 욕망을 축적시켜온 것이 아닌가, 그래서 정치 포르노 수준의 발언을 보면서 대리 만족과 카타르시스를 느껴 보상 심리에서 이런 사람들을 중용한 것이 아닌가 하는 생각을 하게 됐다.

요즈음 박 대통령을 보고 있노라면 초등학교 친구가 떠오르며 답답함과 안타까움을 지울 수 없다. 초등학교 시절의 사지선다형 문제는 이론적으로 보자면 답을 찍기만 해도 확률적으로 4분의 1은 맞아야 한다. 그러나 그 친구는 답을 몰라 찍으면 틀린 답만 골라 찍는, 특이한 '재주 아닌 재주'가 있어 꼴찌를 도맡아 했다. 박 대통령도 꼭 그 꼴이다. 박 대통령의 인사를 보고 있노라면 '세상에 찍어도 찍어도 그렇게 틀린 답만 골라 찍는 것도 재주'라는 생각이 든다. 아니 골라도 골라도 그렇게 문제 있는 사람들만 골라 선택하기도 정말 어려운 일이다.

정말 천운이 따르지 않아 그렇게 문제 있는 사람만 골라서 걸리는 것인가? 아니면 박 대통령이 중시하고 쓰고 싶어하는 인재 풀이 원래 그렇게 문제가 많은 사람들인가? 다시 말해 박 대통령이 좋아하는 인재들이 원래 그렇게 문제가 많은 사람들인가? 알 수 없는 일이다. 다만 확실한 것은 국민들은 답답하고 짜증이 나다 못해 절망감마저 든다는 사실이다. 지도층이라는 사람들이 이렇게 부도덕하고 문제가 많은 사람들밖에 없는가 하는 절망감이다. 하기는 평소 존경하던 국민 검사 안대희도 단지 몇 달 사이에 그렇게 엄청난 수임료를 받았다는 데는 할 말을 잃고 배신감마저 들었다. 아니 절망감과 배신감은 자책감으로 변하고 말았다. 그 사람들이 그렇게 사는 동안 나는 위장 전입 하나 못하고, 군대 다니며 요령 피워 근무 시간에 대학원 다니며 석사 학위 하나 못 따고, 미련하게 뭐하고 살았나 하는 자책감이다.

국민들의 정신 건강을 위해 박 대통령에게 두 가지만 건의하고 싶다. 우선 공직자 추천 때 치매 검사를 꼭 해달라는 것이다. 치매 환자가 아니라면 자기가 살아온 길을 뻔히 알 텐데 그 많은 문제들을 알고도 총리 등 공직을 사양하지 않고 덥석 받을 수가 있는가? 다른 하나는 정홍원 총리를 유임해주십사 하는 것이다. 어차피 대통령이 모든 일을 다 할 텐데 강한 성격의 안대희, 문창극, 김문수 같은 사람들보다는 있는 듯 없는 듯 처신해온 정 총리가 적임자이고, 별 흠도 없는데다가 이미 청문회를 거쳤으니 더군다나 최고의 적임자인 것 같다.

《경향신문》 2014년 6월 23일

차라리 지역구를 없애자

"일부러 그러려고 해도 그렇게 잘못된 사람만 고르기도 어려운 선택." 지난 칼럼에서 나는 국민들에게 절망감만 주고 있는 박근혜 정부의 인사를 이렇게 표현했다. 그러나 현정부의 인사를 신랄하게 비판해온 야당을 포함한 정치권의 행태도 정부와 다르지 않다.

정당의 가장 중요한 '인사'는 공천이다. 현재 진행되고 있는 7·30 재보궐 선거의 공천을 바라보고 있노라면, 박근혜 정부의 인사를 바라볼 때보다도 더 큰 절망감을 느끼지 않을 수 없다. 새누리당이야 현정부와 한통속이라고 쳐주자. 문제는 현정부의 인사를 비판해왔고 민주주의의 수호자를 자처하는 새정치민주연합의 공천도 크게 다르지 않다는 점이다. 정권이 바뀌어봐야 별 희망이 없다는 이야기다. 국회의원 공천도 이 모양인데, 집권한다고 갑자기 인사를 잘하게 될 것인가?

두 가지만 지적하려 한다. 하나는 이번 공천으로 선거에서 지역구라는 것이 의미가 없어졌다는 점이다. 얼마 전까지 경기도지사를 지낸 사람을 연고도 없는 동작에 공천하겠다니 말이 되는가? 그러다가 김문수 전 지사가 거절하자 중구가 지역구이던 나경원 전 의원을 공천했다. 새정치연합은 한술 더 뜬다. 광주에 신청한 사람을 동작으로 끌어올리는가 하면 경남지사를 지낸 사람을 김포에 공천했다. 경기도지사를 했으면 경기도는 어디를 가도 상관없는 것인지, 손학규 전 경기도지사는 광명에서 분당으로 지역구를 옮기더니 이번에는 수원에서 출마한다.

거주 지역이 어디든 필요하면 아무나 공천하고 그곳으로 주민 등록을 옮기는 것이 안철수 공동대표가 말하는 새 정치인가? 그러면서 장관 후보자의 위장 전입은 왜 비판하는가? 하기는 안 대표가 정계에 입문한 것 자체가 그렇다. 노회찬 전 의원이 삼성 엑스 파일 폭로에 관련해 의원직을 상실하자 안 대표는 기다렸다는 듯 아무 연고도 없는 지역으로 날아가 의원이 됐다(안 의원이 제대로 된 정치인이라면 그때 진 빚을 갚기 위해 동작에 공천을 하지 않고 노 전 의원을 도와야 한다). 그러니 거주 지역을 무시하고 공천하는 방식이 문제라는 것을 알 리가 없다.

국회의원 선거만이 아니다. 지방선거에서는 서울에 있는 대학에서 근무하고 서울에서 살아온 사람이 갑자기 경기도로 주소를 옮겨 교육감에 출마했고, 게다가 당선까지 됐다. 경기도에서 근무하지도 않고 살지도 않은 사람이 경기도 교육을 책임진다? 웃기는 일이다. 이렇게 과거에는 공천에 지역 연고를 중시했다면 이제는 아무데나 공천하고 출마하는 기이한 행태가 생겨났다.

지역주의 등 여러 병폐에도 불구하고 지역구 제도를 유지하는 것은 지역에 뿌리를 두고 지역을 잘 아는 사람을 대표로 뽑아 지역 문제를 잘 풀어나가라는 뜻이다. 그러나 지금처럼 거주지에 상관없이 제멋대로 공천할 바에는 차라리 지역구를 없애는 것이 낫다. 그리고 전국을 하나의 선거구로 하는 대선거구제 또는 순수 비례대표제를 채택해야 한다. 전국에서 299명을 뽑는 것이다. 그러면 '대구 국회의원'이나 '광주 국회의원'은 사라지고 모두 전국을 대표하는 '대한민국 국회의원'이 될 것이기 때문에 망국적인 지역주의도 없어질 것이다. 아니면 최소한 출마 자격을 '2년 이상 거주' 식으로 제한해야 한다.

둘째로 지적할 점은 이미 언론에서 '정략 공천'이라는 비판을 듣는 전략 공천이다. 여기에는 정략성을 넘어 근본적인 문제가 있다. 설사 전략 공천이 정략이 아닌 순수한 전략이라 하더라도 주민들의 자기 결정권을 박탈하는 반민주적인 상명하복식 밀실 공천이라는 문제점을 안고 있다. 물론 주민이나 당원들이 후보를 뽑는 경선이 개혁적이고 좋은 후보를 가려낸다는 보장은 없다. 아니 어쩌면 현재 우리의 여건에서는 나쁜 후보를 뽑을 확률이 더 클지 모른다. 그러나 그렇다고 해서 이번처럼 전략 공천을 남발할 바에는 왜 선거를 하고 민주주의를 하는가? 국민들이 올바른 후보를 뽑는다는 보장이 있어 대통령 선거를 하는가? 국민이 올바른 대통령을 뽑을 능력이 없다는 것이 이유라면 대통령도 정치 지도자들이 '대통령 선발 위원회'를 만들어 '전략 선발'하지 무엇 때문에 복잡한 선거를 치르는가?

전략 공천은 한마디로 "해당 지역 당원들과 주민들은 우매해서 제대로 된 후보를 뽑을 능력이 없으니 우리가 대신 뽑아준다"는 오만하기 짝이 없는 위험한 발상이다. 선거와 민주주의를 포기하지 않는 한 대중에 대한 신뢰, 대중의 선택에 대한 신뢰를 가져야 한다.

《경향신문》2014년 7월 14일

'비상함' 없는 비대위

세월호와 박근혜 정부의 인사 참사를 고려할 때 질 수 없는 선거(2014년 지방선거)를 새정치민주연합은 또다시 죽을 쑤고 말았다. 지난 칼럼 〈차라리 지역구를 없애자〉(2014년 7월 14일)에서 지적했듯이 당 지도부가 현정부의 인사 이상으로 한심한 공천을 했으니, 당연한 결과다.

거물 정치인이라는 이유로 지역구를 무시하고 전혀 연고도 없는 손학규와 김두관을 공천했다가 지역일꾼론을 내세운 새누리당의 토박이 정치 신인들에게 전패한 것은 지도부가 얼마나 민심을 잘못 읽고 있는지를 잘 보여주고 있다. 특히 언론이 지적했듯이 이런 모든 일이 자신들의 경쟁자가 될 특정 정치인을 배제하려는 정략에서 시작했다니 한심하다. 전혀 연고도 없는 지역에 손학규와 김두관을 공천하면서 비슷한 중진인 정동영과 천정배는 왜 공천을 주지 않았는가?

주목할 것은 새누리당이다. 지난 지방선거와 당대표 선거에서 새누리당은 새정연하고 다르게 정파주의를 넘어서 남경필 경기도지사, 원희룡 제주도지사, 권영진 대구시장, 김무성 당대표 등 대외적으로 경쟁력 있는 인물을 내세움으로써 오히려 비주류가 대세를 형성하고 있다. 새정연의 가장 큰 문제는 "당이 잘 되고 우리 계파가 잘못되느니 당이 잘못되더라도 우리 파가 잘되는 것이 낫다"는 정파주의가 만연해 있는 점이다.

선거 패배로 김한길, 안철수 공동대표가 퇴진하고 비상대책위가 들어섰지만 별 희망이 없어 보인다. 비대위라는 이름에 걸맞은 '비상함'은 찾아볼 수 없기 때문이다. 아니 비대위원장을 맡은 뒤 박영선 위원장이 내놓은 첫 작품이 '세월호특별법 항복'이었으니 무슨 말을 하겠는가? 아니 비대위답게 '비상하게' 항복했다. 새정연은 2007년 대선 뒤 패배에 익숙해진 탓인지 패배해도 '비상함'을 찾아보기 어렵다.

나는 민주당이 2007년 대선과 2008년 총선 패배 뒤 혁신을 하지 않고도 노무현 대통령의 죽음과 이명박 대통령의 실정 덕에 지방선거에서 승리해 독이 됐다고 비판하며 혁신을 촉구했다. 그러나 '대답 없는 메아리'였다. 문재인 의원이 대통령 후보가 된 때도 민주당은 "정권을 상납하기 위한 자해 특공대라는 느낌을 지울 수 없다"며 문 의원이 해야 할 제1 과제는 당의 혁신이라고 지적했지만 혁신은 실행되지 않았다.

2012년 대선 패배 뒤 비상대책위를 내세웠지만 "이름만 비대위지 비대위위원장 선출부터 그 내용은 비상한 해법과는 거리가 멀다"며 2017년 대선도 별 희망이 안 보인다고 쓴 적이 있다. 이번에도 습관적이고 통과 의례적인 비대위가 될 조짐이다. 사실 새정연의 관심은 대부분 비대위가 아니라 비대위 이후, 2016년 총선 공천권을 쥔 차기 당권에 쏠려 있는 것 같다.

안철수 의원에 대해 한마디하려 한다. 안 의원이 측근들에게 "다시 시작하자"고 말했는데 "선거 일정에 쫓겨 실현하지 못한 정치 혁신의 과제들을 제대로 추진하겠다는 뜻 아니겠느냐"고 한 측근이 언론에 밝혔다. 안 의원이 선거 일정에 쫓겨 정치 혁신 과제를 실현하지 못했다고 생각한다면, 위험한 생각이다. 공천과 선거는 정치의 꽃이고 혁신의 핵심이다. 이 문제를 놔두고 정치 혁신을 하겠다고? 소도 웃을 이야기다.

안철수 실험의 실패는 혁신을 할 수 있는 당권을 쥐고도 정파적 이익에 사로잡혀 공천과 선거 혁신을 하지 못하고 오히려 후퇴시킨 데 있다. 두 번의 공천과 선거에서 새 정치도, 안 의원이 입만 열면 이야기하던 국민도 전혀 보이지 않았다. 안철수계인 조배숙 전 의원이 안 의원은 "민주당 내의 강고한 기득권 세력의 벽을 넘지 못해 새 정치를 실천한 기회가 없었다"고 말한 것도 문제다. 이번 선거의 공천이 기득권층의 저항으로 실패한 결과라는 말인가? 말도 되지 않는 이야기다. 다만 안 의원이 김한길 전 공동대표에게 속아서 허수아비 노릇만 하고 혁신을 못했을 가능성은 있다. 기득권 세력이 김 전 공동대표를 가리킨다면 말이 되는데, 실제 그랬는지는 모를 일이다.

'비상함' 없는 비대위와 반성 없는 안 의원 갖고는 새정연의 미래는 없다. 더 늦기 전에 의원총회를 열어 합의안을 무효 선언하는 한편 박영선 원내대표가 책임을 지고 비대위 위원장을 사퇴한 뒤 비대위 위원장과 위원들을 외부 영입해 원점에서 당 해체 수준의 발본적인 혁신 작업을 새로 시작해야 한다.

《경향신문》 2014년 8월 1일

새정치연합은 어디로?

'비상함 없는 비상대책위.' 재보궐 선거 참패 뒤 출범한 새정치민주연합의 비대위를 보면서 지난 칼럼에서 지적한 문제점이다. 패배에 익숙해져 습관적인 비상대책위를 꾸려서는 미래가 없기 때문에 박영선 원내대표가 겸임하고 있는 비대위 위원장에 외부 인사를 영입해 당 해체 차원의 발본적인 혁신을 해야 한다는 주장이었다.

세월호 관련법 협상 과정에서 리더십에 상처를 입은 박영선 비대위 위원장이 비대위 위원장이 될 외부 인사 영입에 나섰다. 늦은 감이 있지만 다행스러운 일이다. 그러나 안타깝게도 영입 대상자들은 고사하고 대안으로 고른 안경환과 이상돈이라는 '진보 보수 투톱 공동위원장 체제'가 당내 반발로 무산되고 말았다. 박 위원장은 리더십에 또 한 차례 상처를 입고 말았고, 당은 끝없는 나락으로 빠져들고 있다.

엄청난 반발을 불렀지만, 개인적으로 이상돈 카드가 그렇게 나쁘지는 않다고 생각한다. 현정부 출범의 일등 공신을 어떻게 당의 얼굴로 모셔올 수 있느냐고 반발하지만, 뒤집어 생각하면 박근혜 정부 출범의 일등 공신이 박 정권과 새누리당을 버리고 새정연으로 온 사실을 공세적으로 이용할 수 있을 것이다. 또한 나 자신이 새정연보다 훨씬 진보적인 입장이지만 그동안 한 발언을 살펴볼 때 이 교수가 새정연 공동비대위원장을 맡지 못할 정도로 보수적이라고 생각하지 않는다. 사실 상당수의 새정연 의원들보다 진보적일 것이다. 오히려 개인적으로 의문을 가진 점은 이 교수와 달리 정치에는 거리를 멀리 해온 안경환 교수가 당을 이끌어 혁신을 주도할 수 있는 적합한 인물이냐 하는 점이다.

이런 의문하고는 별개로 안타까운 것은 일방적인 세월호 관련법 협상으로 당내외 반발을 사고 리더십에 타격을 입은 박 위원장이 이번에는 좀더 광범위한 당내 의견 수렴 과정을 거쳐 이런 소동을 사전에 막지 않은 것이다. 뿐만 아니라 안경환-이상돈 카드를 무산시키는 데 중요한 구실을 한 요인이 이상돈 교수의 전력도 전력이지만 실질적으로는 새정연의 고질적 문제인 정파주의인 듯해 답답하기만 하다.

특히 내가 볼 때는 이상돈 교수보다 더 보수적이라면 보수적이고 당의 보수 세력을 대표하는 정치인이 차기 당권을 노려 가장 강력하게 이상돈 카드에 반대했다는 이야기를 접하면서 정말 이 당에 희망이 있는가 하는 걱정이 든다. 정말 이해가 되지 않는 점은 새누리당도 친박과 친이 등 정파가 존재하고 치열하게 갈등하고 삐걱거리면서도 당을 위해 큰 방향에서는 대승적으로 함께하고 있는데 왜 새정연은 그렇지 못한가 하는 것이다.

물은 엎질러졌고, 문제는 새정연이 앞으로 나아갈 길이다. 이미 김은 다 빠졌지만, 그래도 더 늦기 전에 덕망 있고 혁신의 의지와 능력을 갖춘 외부 인사를 영입해 발본적인 당 혁신을 해야 한다. 둘째, 세월호 관련법과 중요한 민생 법안을 분리해 처리해야 한다. 민생 법안을 볼모로 하지 않으면 세월호 관련법을 통과시킬 수 있는 무기가 없다고 생각할지 모르지만, 더 큰 그림을 봐야 한다. 구체적으로 유가족의 존재와 여론을 믿어야 한다. 최근 여론조사에 따르면 세월호 관련법을 유가족들이 요구하는 방향으로 재협상하는 방안을 지지하는 여론이 더 높아지면서도 이런 쪽에 가까운 새정연의 지지율은 계속 추락하는 점을 주목해야 한다. 셋째, 몇몇 의원이 송광호 체포동의안 부결에 동참한 문제에 대해 당 차원에서 공개 사과하고 국회의원의 불필요한 특권 축소에 말이 아니라 행동으로 앞장서야 한다.

넷째, 지금은 지지율이 낮지만 2016년 총선 때는 박근혜 정부 심판 분위기가 비등할 테기 때문에 걱정할 것이 없다는 식의 정치 공학적 낙관론을 버려야 한다. 심판론에 기초한 그런 낙관론이 최근 몇 차례 선거에서 어떤 결과를 가져왔는지를 직시해야 한다. 물론 다음 총선이 시점상 박근혜 정부 말기에 치러지기 때문에 여론이 정권심판론으로 흘러갈지도 모른다.

그러나 문제는 2017년 대선이다. 대선은 결국 박근혜 대통령이 아니라 차기 주자를 상대로 하는 싸움이다. 지난날 반이명박 투쟁과 심판론에 올인하다가 당의 혁신과 경제 민주화를 들고 나온 박근혜 후보에게 패배한 전철을 반복해서는 안 된다.

《경향신문》 2014년 9월 5일

명량의 길, 선조의 길

"신에게는 아직 열두 척의 배가 남아 있습니다." 영화 〈명량〉을 통해 유명해졌지만, 원균이 칠천량 해전에서 참패한 뒤 감옥에서 돌아온 이순신 장군이 해군을 없애라는 선조의 명령을 받고 명량 대첩을 준비하면서 올린 답변이다. 불굴의 의지로 무장하고 배수진을 친 장수의 심정을 잘 보여주는 말이다. 그리고 이순신 장군은 단 12척의 배로 330척의 왜선에 맞서 싸워 대승을 거둠으로써 임진왜란을 끝낼 수 있는 계기를 만들었다.

풍전등화의 위기에 놓인 새정치민주연합의 비대위가 첫 외부 행사로 현충원을 방문하고 문희상 비대위원장이 방명록에 바로 이 문구를 한자로 남겼다고 한다. 새정연의 사활을 결정할 비대위원장을 맡은 문 위원장의 비장한 각오를 상징적으로 잘 표현한 적절한 구절이다. 그러나 실제 새정연이 현재 취하고 있는 길이 과연 이순신이 걸어간 '명량의 길'인지에 대해서는 의심이 남는다. 아니 심하게 이야기하면, '명량의 길'이 아니라 '선조의 길' 또는 '원균의 길'이 아닌가 하는 염려까지 갖게 한다.

사실 겉으로 보면 현재 새정연이 놓여 있는 상황을 명량 해전을 앞둔 이순신의 상황에 비교하는 것은 적절하지 않다. 이순신은 겨우 12척의 배를 가지고 330척의 왜군에 맞서 싸워야 했지만 새정연은 전혀 그렇지 않다. 새정연은 '무려' 전체 의원 수의 43퍼센트에 이르는 130명의 국회의원을 거느리고 있다. 또한 '적군'인 새누리당은 전체 의원 수의 과반이 넘는 53퍼센트를 차지하고 있다고는 하지만 새정연보다 '겨우' 28명 더 많은 158명에 지나지 않는다. 따라서 명량 해전하고는 비교할 수 없을 만큼 해볼 만한 싸움이다.

그러나 바로 그렇기 때문에 새정연이 사즉생의 자세로 죽음을 각오하고 배수진을 친 명량의 길을 갈 수 없는 것이 아닌가 하는 의심을 버릴 수 없다. 명량의 길을 가기에는 너무 몸집이 크고, 아직 등 뜨시고 배부른 것 아닌가 싶다. 그동안의 행적을 볼 때 새정연이 내부 혁신은 불가능하다고 봐야 한다. 사실 남아 있는 유일한 희망은 대중적 지지를 무기로 안철수 의원이 밖에서 강력한 대안 정당을 만들어 새정연을 깨거나('외파'), 새정연에 들어가 안에서 당을 폭발('내파')시키는 안철수 카드였다. 그러나 이 카드는 안 의원의 한계 때문에 실패하고 말았다(이 점에서 안 의원은 너무 일찍 새정연에 들어간 것이 아닌가 싶다).

안철수 카드까지 실패한 마당에 유일한 대안은 당의 리더들이 대승적 견지에서 자기 목을 단두대에 올리고 계파에 연연하지 않으면서 당을 혁신할 수 있는 외부 인사에게 비상 대권을 줘 당을 근본적으로 바꾸는 것이었다. 그러나 새정연은 그런 '명량의 길'이 아니라 안전하고 편한, 그러나 결국 죽음으로 가는 '선조의 길' 또는 '원균의 길'을 택했다. 덕을 갖춘 덕장으로 위기 때마다 비상대책위원장을 전문으로 맡는 문희상 의원이 다시 불려 나왔고, 비대위는 주요 계파의 수장들로 채워졌다. 심하게 말하면 '혁신의 대상'을 '혁신의 주체'로 앉힌 것이다.

그러나 어떻게 보면 현재의 비대위가 차선일 수는 있다. 당의 실세들이 모인 만큼 실질적 권한을 갖지 못한 들러리식 외부 영입 비대위가 혁신하는 흉내만 내다가 마는 쪽보다는 최소한 낫다. 이제 당의 실세들이 모인 만큼 과거처럼 뒤에 숨지 말고 공개된 경기장에서 죽이 되든 밥이 되든 민낯을 드러내고 한번 싸워 국민들에게 당의 실상을 적나라하게 보여줄 필요가 있다. 그리고 초재선 의원들이야 어차피 대권 등에 관련이 없고 국회의원 재선에 주로 관심이 있겠지만, 속으로는 그 이상의 야심을 갖고 있을 만큼 당 혁신이 대선 등 자신의 이익을 위해서도 필요하다고 생각할 수도 있다. 지금 같은 당으로는 현상 유지는 몰라도 더 큰 정치적 꿈을 실현할 수 있는 희망이 없다는 사실을 비대위원들이야말로 잘 알 것이라는 데 그나마 기대를 걸어본다.

새정연 비대위원들은 곰곰이 생각해봐야 한다. 고통스럽지만 미래를 위해 불가피한 '명량의 길'을 갈 것인가? 아니면 계파 수장들 사이의 담합에 결과인 편안하지만 패배로 향하는 '선조의 길'을 갈 것인가?

《경향신문》2014년 9월 29일

10월 '신유신'?

"4월은 잔인한 달."

잘 알려져 있듯이, 토머스 스턴스 엘리엇[T. S. Eliot]의 시 〈황무지〉의 도입부다. 만물이 살아나는 4월을 왜 '잔인한 달'이라고 했는지 모를 일이지만, 우리에게는 4월이 아니라 5월과 6월이 잔인한 달이다. 5월은 민주주의를 짓밟은 5·16 쿠데타와 비극적인 1980년 광주 학살이, 6월은 동족상잔의 전쟁이 있었기 때문이다.

10월도 잔인한 달에 추가할 만하다. 현대사에서 가장 어두운 시절인 유신이 선포된 달이기 때문이다. 게다가 10월의 잔인한 역사는 아직도 계속되고 있다는 염려가 생겨나고 있다. 박근혜 대통령이 자신을 향한 모독이 도를 넘었다고 공개적으로 분개하자 검찰이 인터넷 업체들하고 협조해 인터넷을 실시간 모니터하겠다고 나서고, 그러자 대대적인 사이버 망명이 일어나는가 하면 '신유신'이나 '사이버 유신'을 염려하는 목소리가 야권을 중심으로 일고 있다. 그러나 한쪽에서는 "'신유신'이라며 목소리를 높이는 야당에서도 과거를 보는데, 진보를 표방하는 한국 야당이 좀처럼 앞으로 나가지 못하는 이유는 걸핏하면 이렇게 '과거'와 싸우려 하기 때문이다"고 비판하고 있다.

'신유신'이라는 표현이 선동 문구일 뿐 과장된 말이고 과거와 싸우는 것인가? 여기에 답하기 위해서는 우리 현실을 객관적으로 살펴볼 필요가 있다. 결론적으로 이야기하면 신유신이라는 표현이 적합한지는 논쟁적이지만, 민주주의가 사방에서 확연하게 후퇴하고 있는 사실은 부인할 수 없다. 주목할 것은 민주주의에 대한 가장 권위 있는 평가 기관인 미국 프리덤하우스의 평가다.

매우 보수적이지만 거의 유일무이하게 오래전부터 세계 각국의 민주주의를 점수를 내온 이 기관은 '정치적 자유'와 '시민의 권리'라는 두 기준을 가지고 정치적 민주주의를 최저 7등급에서 최고 1등급까지 나눠 평가한다. 한국은 군사 독재 시절 6등급이다가 김영삼 정부 들어 전체적으로 2등급으로 올랐고, 노무현 정부 들어 정치적 자유가 1등급으로 올라갔다. 그러나 국가보안법에 따른 사상의 자유에 대한 규제 때문에 시민권은 2등급에 머물러, 1등급을 맞은 대만보다도 뒤처진 1.5등급을 차지했다. 그런데 올해 들어 정치적 자유가 다시 2등급으로 추락해 전체로 보면 2등급으로 후퇴했다. 부끄러운 일이다.

더욱 충격적인 것은 언론의 자유와 인터넷의 자유다. 프리덤하우스는 이 부문을 '자유', '부분적 자유', '부자유'의 세 단계로 평가하는데, 한국은 둘 다 '부분적으로만 자유롭다'는 평가를 받았다. 구체적으로 언론 자유는 2010년까지는 자유로운 단계이다가 그 뒤 부분적 자유로 추락했고, 점점

떨어져 올해는 창피하게도 사모아나 가나 등보다 낮은 70위를 기록했다. 언론 자유에 대한 평가로 정평이 난 '국경없는기자회'의 평가도 마찬가지다. 이명박 정부 때만 해도 44등이던 한국의 언론 자유는 박근혜 정부 들어 50등, 올해는 57등으로 추락했다.

인터넷의 자유는 더 한심하다. 국경없는기자회는 북한 등 12개국을 '인터넷의 적'으로 규정하고 그다음 단계로 '인터넷 감시국' 14개국을 지목했는데, 거기에 터키, 이집트 등하고 함께 한국이 포함돼 있다. 게다가 이 평가는 이번 사이버 실시간 감시 소동 이전의 평가니 올해 평가는 더 추락할 것이 뻔하다. 현실이 이렇건만, 최근 일본《산케이 신문》기자 기소 조치에 관련해, 외무부 대변인이 외신 기자 회견에서 기자들이 자유롭게 질문하는 것이 "언론의 자유 현장이 아니고 뭐냐"고 반론을 제기했다니 할 말이 없다. 국제 사회를 상대하는 정부의 대변인이 우리의 언론 자유가 국제적으로 어떻게 평가를 받고 있는지에 대해 이렇게 무지해서야 말이 되는가?

현재 우리의 민주주의 후퇴는 심각하다. 다만 이 상황을 유신이라고 부를 정도인지는 논쟁적이다. 또한 1970년대의 유신하고 다르게 '신유신론'에 대해 얼마나 많은 국민이 공감할지 회의적이다. 그런 만큼 더 염려되는 바가 크다면 크다. 게다가 유신 시절보다 오히려 후퇴한 중요한 현실이 무척 마음에 걸린다. 그것은 무력하기 짝이 없는 야당이다. 그렇기 때문에 묻지 않을 수 없다. 10월은 아직도 우리에게 잔인한 달인가?

《경향신문》2014년 10월 20일

박한철 헌법재판소장께

박한철 헌법재판소장님, 우리 헌법을 지키기 위해 얼마나 고생이 많으십니까? 최근 헌법재판소의 판결로 정치권에 난리가 났습니다. 국회의원 선거구별로 인구가 3.5배까지 차이가 나는 현행 선거법이 위헌이기 때문에 인구 격차를 2 대 1 이내로 줄이라는 판결 때문입니다.

그러나 저는 이번 판결이 오히려 때늦은 감이 있다고 생각합니다. 구체적으로 이번 판결은 헌법재판소가 과거의 전국구 제도를 위헌이라고 판결해 현재의 정당 명부식 비례대표제를 도입하게 만든 데 이어 한국 민주주의 발전에 기여할 중요한 결정이라고 생각합니다.

소장님도 잘 아시겠지만, 민주주의의 기본은 보통 선거이자 평등 선거입니다. 사실 근대 민주주의가 시작된 프랑스 대혁명 이후에도 투표권은 남자 유산자에게만 주어졌고 보통 선거와 평등 선거가 실현된 지는 채 100년도 되지 않았습니다. 그전까지는 자유주의자들이 인구의 다수가 가

난한 사람들이기 때문에 보통선거권을 도입하면 다수결로 사유재산제를 폐지해 사회주의가 될 것이라고 걱정해서 보통선거권에 거세게 반대했습니다. 그러다가 보통선거권이 불가피해지자 이번에는 자본가는 일인당 네 표를 주고 노동자는 일인당 한 표를 줘야 한다는 차등선거제를 주장했습니다. 이런 저항에도 불구하고 힘없는 민초들의 오랜 투쟁 끝에 모든 국민이 한 표씩을 행사하는 보통평등선거제가 도입됐습니다.

그러나 우리의 경우 보통평등선거제에 따라 형식적 평등은 이룩했지만 선거구 간 인구 불평등 때문에 투표 가치의 불평등, 즉 실질적 불평등이 심각했습니다. 따라서 이번 판결은 큰 의미가 있습니다.

아시는지 모르겠지만, 우리 사회에는 이번 판결도 주목하지 못한 투표 가치의 불평등이 아직도 남아 있습니다. 특히 이 불평등은 위헌 판결을 받은 선거구별 불평등보다 훨씬 심각하다는 점에서 주목할 필요가 있습니다. 바로 '거대 보수 지역 정당'들과 '군소 진보 정당' 간의 불평등입니다.

2008년 총선을 예로 들겠습니다. 이 선거에서 새정치민주연합의 전신인 통합민주당과 새누리당의 전신인 한나라당은 득표율에 견줘 의석수가 각각 20퍼센트와 5퍼센트씩 과대 대표됐습니다. 그러나 민주노동당과 진보신당 같은 진보 정당들은 8.5퍼센트를 득표하고도 의석수는 불과 1.7퍼센트를 얻는 데 그쳤습니다. 따라서 통합민주당과 한나라당에 투표한 표는 진보 정당에 투표한 표에 견줘 각각 6배와 5.2배나 크게 반영됐습니다. 투표 가치의 불평등이 무려 6 대 1, 5.2 대 1 이라는 이야기입니다.

특히 충격적인 것은 진보신당입니다. 심상정 의원, 노회찬, 조승수 전 의원 등이 민주노동당 다수파의 '종북주의'와 '패권주의'를 비판하고 탈당해 만든 진보신당은 2.94퍼센트를 얻고도 한 석도 얻지 못해 3퍼센트에 가까운 표가 모두 쓰레기가 되고 말았습니다. 의석을 한 석도 못 얻었으니 한나라당과 통합민주당에 던진 표 대 진보신당에 던진 표 사이의 가치의 불평등은 무한대인 셈입니다. 투표 가치가 평등하도록 디자인된 독일식 선거 제도라면 진보신당은 전체 의석의 2.94퍼센트에 해당되는 9석을 얻는다는 사실에 주목해야 합니다. 그랬으면 진보신당이 제도 정치권에 뿌리를 내리고 진보 정당들 안에서 '종북주의'에 비판적인 '건전한 진보 정당'이 크게 성장할 수 있었을 겁니다.

2012년 총선도 마찬가지입니다. 새누리당은 43퍼센트를 득표하고도 의석수는 52퍼센트를, 민주통합당(새정치민주연합)은 36.5퍼센트를 득표하고도 43퍼센트의 의석을 차지해 둘 다 20퍼센트씩 과대 대표됐습니다. 그러나 정의당, 통합진보당, 노동당, 녹색당 같은 진보 정당들은 11.4퍼센트를 득표하고도 의석수는 3.7퍼센트밖에 차지하지 못했습니다. 따라서 진보 정당에 던진 표에 견줘 새누리당과 민주당에 던진 표의 가치는 3.7배에 이릅니다. 이런 격차는 2008년에 견줘 줄어든 수치지만, 위헌 판결을 받은 선거구 간의 불평등보다 더 불평등한 결과입니다.

이제 헌법재판소가 이런 불평등에도 관심을 기울여주시기 바랍니다. 참고로 이런 불평등을 시정하기 위해서는 지역구 제도의 장점을 살리면서도 투표 가치의 평등이 유지되고 사표가 생기지 않도록 배려한 독일식 선거 제도가 가장 이상적입니다.

《경향신문》 2014년 11월 10일

자유민주주의를 위하여

"대한민국의 국시인 자유민주주의를 지킨다는 이름 아래 자유민주주의를 압살해온 '자유민주주의의 압살사'." 나는 해방 60주년을 맞아 낸 책《해방 60년의 한국정치》의 서문에서 한국 현대사를 이렇게 요약했다.

그렇다. 자유민주주의란 이 땅의 냉전적 보수주의자들이 생각하듯이 단순히 반공주의가 아니다. 자유민주주의는 사상, 표현, 집회, 결사의 자유 같은, 유엔 인권조약에 규정된 '자유권'이 보장되는 정치 체제다. 1980년대 '제3의 물결'이라는 범지구적 민주화의 흐름을 정리한 세계 정치학계의 권위 있는 집단 연구는 특정한 이념이나 정당을 금지하는 행위는 자유민주주의가 아니라고 명확히 규정했다. 그런데도 우리는 '공산주의' 같은 외부 위협에 맞서 자유민주주의를 지킨다는 이름 아래 그 핵심인 사상의 자유 등 자유권을 압살해왔다. 그 결과 한국 현대사는 자유민주주의를 지킨다는 이름 아래 자유민주주의를 압살해온 '자유민주주의의 압살사'라는 '자유민주의의 비극', 아니 '희극'의 역사가 돼왔다.

헌법재판소 판결을 기다리고 있는 통합진보당 해산 심판에 대한 정부의 최종 변론을 접하면서 떠오른 것이 위에 인용한 내 책의 서문이었다. 정부는 최종 변론에서 "통합진보당은 자유민주적 기본 질서를 파괴하고 대한민국을 내부에서 붕괴시키려는 암적 존재"기 때문에 해산돼야 한다고 주장했다. 그러나 이석기 의원 등의 내란 음모 혐의에 무죄가 선고됐는데도 통합진보당을 해산시키는 짓이야말로 사상의 자유 등 자유권을 보장하는 자유민주적 기본 질서를 파괴하는 '자유민주주의의 파괴 행위'라고 할 수 있다.

통합진보당의 전신인 민주노동당은 북한의 3대 세습을 비판하기를 거부하는가 하면 북한의 핵 무장을 자위권의 발로라고 옹호하는 등 친북적인 언행으로 '종북주의'라는 비판을 받은 것은 사실이다. 그리고 나는 이런 민주노동당의 노선을 신랄하게 비판해왔다. 그러나 통합진보당이 민주노동당을 계승했다는 이유로 해산돼야 한다고 주장하는 논리는 새누리당이 12·12와 5·18 학살을 주도해 군사 반란과 내란죄로 유죄 판결을 받은 전두환 등 5공 반란 세력의 민정당을 계승했기 때문에 해산해야 한다는 주장하고 다르지 않다.

아니 순수 가정으로 통합진보당의 노선이 설사 종북주의라 하더라도 종북주의의 자유도 보장돼야 한다. 왜냐하면 자유민주주의의 핵심은 '틀린 주장도 할 수 있는 자유'를 보장하는 데 있기 때문이다. 우리가 어떤 사상이 틀렸다고 탄압을 하면 거꾸로 남들이 내 사상이 틀리다고 탄압할 수 있다는 사실을 잊지 말아야 한다. 이 점에 관련해 주목할 에피소드가 '조갑제 사건'이다. 대표적 극우 논객인 조갑제 씨는 노무현 정부를 '친북 비호 독재 정권'으로 규정하고 군인을 포함한 국민들을 상대로 사실상의 무장봉기를 선동했다. 그러자 친노 단체들이 내란선동죄 등으로 고발했다. 그러자 나는 〈조갑제를 위한 변명〉이라는 글을 통해 조갑제의 주장은 틀렸지만 진보의 사상만이 아니라 그런 사람의 사상과 표현의 자유도 보장돼야 한다고 주장했다.

이렇게 우파건 좌파건 자신과 생각이 다르다는 이유로 억압하고 사법적으로 처벌하려는 행동은 자유민주적 기본 질서에서 거리가 멀다. 종북주의이건 극우주의이건 사법적 판단이 아니라 '사상의 시장'에서 국민들의 선택을 통해 걸러져야 한다. 그리고 이제 우리 사회는 종북주의에 넘어가지 않을 만큼 충분히 성숙했다.

자유민주주의가 무엇인지를 따지기에 앞서서 통합진보당을 해산시키려는 정부의 움직임은 정치적으로 이해가 되지 않는다. 통합진보당을 해산시키더라도 구성원들이 새로운 정당을 만들면 해산 조치가 아무런 의미가 없게 되는데 왜 무리수를 두는가? 또한 통합진보당을 해산시켰다가 지지자들이 어두운 시절의 지하당으로 들어가버리면 어쩌려는 것인가? 답답한 노릇이다.

헌법재판소는 자유민주적 기본 질서가 무엇인지를 생각해보고 핵심인 자유권을 압살하는 것이 과연 이 질서를 지키는 길인지 반문해봐야 한다. 통합진보당도 이번 기회에 종북주의라는 비판을 듣는 노선을 정비하고 발본적 혁신을 통해 새롭게 태어나야 한다.

《경향신문》 2014년 12월 1일

새해가 두렵다

2014년 한 해가 다 가고 있다. 1년 전, 2013년을 돌아보며 정치학자로서 박근혜 정부 원년을 한마디로 요약하라면 '화장발'이라고 쓴 적이 있다. 경제 민주화로 상징되는, 대선 과정에서 보여준 박 대통령의 개혁적 보수주의자의 모습은 화장발일 뿐이고 화장을 지운 박 대통령의 '생얼'은 너무 퇴행적이었다.

다시 1년이 지나, 지난 한 해를 돌이켜보자니 지나온 나날이 아득하기만 하다. 그 어느 것보다도 아득하고 가슴에 저며 오는 일은 비극적인 세월호 참사다. 꽃 같은 어린 생명들을 수백 명이나 잃은 이 비극은 인간의 생명은 아랑곳하지 않고 이윤만 추구하는 왜곡된 가치관부터 무사안일과 정경유착으로 무능하기 짝이 없는 국가에 이르기까지 우리 사회의 모든 것을 근본적으로 다시 생각하게 만들었다.

그러나 반년이 지난 현재 우리 사회는 불행하게도 변한 것이 없다. 그리고 그 중심에는 대통령의 불통과 야당의 무능이 자리잡고 있다. 박 대통령의 불통은 무엇보다도 연이은 인사 실패 때문에 박 대통령이 약속한 '국민행복시대'는커녕 '국민절망시대'로 우리를 이끌고 있다. 그리고 이런 불통은 최근 다시 한 번 국민을 절망시키고 있는 정윤회 파동으로 절정에 이르고 있다.

여기에 못지않게 책임이 있는 쪽은 제1 야당인 새정치민주연합이다. 집권 세력의 무능을 만천하에 드러낸 세월호 사태에도 불구하고 새정치민주연합은 한심한 계파 정치와 이것에 기초한 정파적 공천 등으로 승리가 당연한 2014년 6·4 지방선거에서 압승을 거두지 못했을 뿐 아니라 질 수 없는 7·30 재보궐 선거에서 참패하고 말았다.

특히 그 중심에는 낡은 정치의 대안으로 주목받던 안철수 의원이 자리잡고 있다. 안 의원은 지방선거를 앞두고 이해가 잘 가지 않는 명분(기초의원 정당 공천 폐지)으로 민주당과 통합해 새정치민주연합을 만들었지만당을 혁신하기는커녕 낡은 계파 정치를 재현해 스스로 괴멸하고 말았다.그 결과 민주당을 혁신할 수 있는 사실상 마지막 카드가 사라져버렸다.

그 뒤 박영선 체제가 들어서지만 세월호 관련법을 새누리당과 일방적으로 합의하면서 또다시 좌초하고, 결국 비대위 체제가 들어섰다. 그러나당 혁신의 마지막 기회라 할 수 있는 비대위는 혁신을 위한 비대위가 아니라 그동안 당을 망쳐온 주역들의 모임인 대주주 연합이었을 뿐이다. 이 중대주주인 문재인 의원, 박지원 의원, 정세균 의원이 당대표 출마에 관련해비대위 위원을 사퇴하지만, 그동안 절체절명의 위기 앞에서 비대위가 한일 중 생각나는 것은 아무것도 없다. 새정치민주연합은 사실상 수권 정당으로서 이미 수명이 다한 지 오래됐고, 혁신을 통해 수권 정당으로 발돋움하기를 포기한 당이라고 봐야 할 것이다.

연말을 장식하고 있는 정윤회 파동, 땅콩 회항 사건, 문희상 새정치민주연합 비대위원장의 대한항공 청탁 사건, 통합진보당 해산 판결이라는 네 가지 사건은 너무도 상징적이다. 정윤회 파동은 박 대통령의 불통 정치와 환관 정치를 상징한다면, 땅콩 회항 사건은 한국 재벌들이 드러내는 천민성의 현주소를 상징적으로 보여주고 있다. 문희상 비대위원장의 대한항공 청탁 사건은 이른바 '민주 야당'의 도덕적 수준과 숨겨진 실상을 적나라하게 보여주고 있다. 김무성 새누리당 대표가 자신도 딸 청탁 문제가 걸려 있어 이 사안을 문제삼지 말라고 했다니 웃어야 할지 울어야 할지. 마지막으로 자유민주주의의 조종을 의미하는 통진당 해산 선고는 사법부, 나아가 민주주의의 현주소를 웅변적으로 보여주고 있다. 그것도 8 대 1의 판결이라니 할 말이 없다. 이 네 사건을 바라보면서 우리는 절망하고, 절망하고, 절망하고, 또 절망하지 않을 수 없다.

정작 문제는 그것이 아니다. 진짜 문제는 새해에도 희망이 보이지 않는다는 점이다. 정윤회 파동에 대한 대응을 볼 때 박 대통령의 불통 정치가 바뀔 것 같지 않다. 새정치민주연합은 더더욱 문제다. 혁신은커녕 2월 전당대회를 계기로 수권 정당으로서 최종 사망 선고를 받을 것이 뻔하다. 흐르는 세월을 잡아둘 수 없지만, 나는 새해가 오는 것이 두렵다.

《경향신문》 2014년 12월 22일

국민의 눈물을 닦아주는 정치

'새해가 두렵다.' 지난번 이 지면에 쓴 칼럼의 제목이다. 2014년 연말을 장식한 정윤회 파동, 땅콩 회항, 문희상 새정치민주연합 비대위원장의 대한항공 청탁 사건, 통합진보당 해산 결정이라는 네 가지 사건은 박근혜 정부의 불통 정치부터 재벌, 제1 야당과 한국 민주주의의 현주소를 각각 상징적으로 보여준다는 점에서 절망적이지만 진짜 문제는 새해에도 희망이 없어 보인다는 점이라는 주장이었다.

구체적으로 정윤회 파동에 대응하는 모습을 볼 때 박 대통령의 불통 정치는 바뀔 것 같지 않고 새정치연합은 더더욱 희망이 보이지 않는다. 진행된 현실은 이 염려를 더욱 확실하게 만들어주고 있다. 새정치연합과 한국 정치의 미래가 달려 있는 2월 전당대회가 김대중과 노무현 두 전직 대통령 비서실장 사이의 대결로 치러지게 된 사실이 모든 것을 말해준다.

2차 대전 뒤 좌파 운동에 가장 큰 영향을 미친 안토니오 그람시는 일찍이 "위기란 낡은 것은 죽어가고 있는데 새로운 것은 태어나지 않은 상황"이라고 말했다. 그렇다. 한국 정치가 위기인 이유는 낡은 것은 죽어가고 있지만 새로운 것은 태어나지 않았기 때문이다. 불행하게도 죽어가는 낡은 것에는 새누리당과 새정치연합만이 아니라 진보 정당들도 포함돼 있다.

한심한 헌법재판소의 통합진보당 해산 결정이 아니더라도 진보 정당의 민낯을 적나라하게 보여준 2년 전 통진당 내분 사태를 계기로 사실상 한국 진보 정당 운동의 하나의 순환이 끝났다. 일제 강점기와 해방 공간의 제1기, 4·19 이후 나타난 제2기에 이어 1987년 민주화 이후 이어져온 진보 정당 운동 제3기가 끝났다고 봐야 한다. 물론 정의당과 노동당이라는 진보 정당이 남아 있기는 하지만 존재감을 찾아보기 어려운 실정이다.

이 점에서 주목할 것은 아직 태어나지 않았지만 세월호를 계기로 나타나고 있는 '새로운 정치의 맹아'다. '국민의 눈물을 닦아줄 수 있는 새로운 정치세력의 건설을 촉구하는 국민모임'(국민모임)이 그것이다. 노동 현장부터 세월호에 이르기까지 국민들은 여기저기서 죽어가고 있는데도 이런 사람들을 살려내지 못하는 것은 말할 것도 없고 눈물조차 닦아주지 못하는 정치권에 분노한 시민사회의 각계 인사들이 새정치연합을 대체할 수 있는 새로운 대중적 진보 정당을 건설하자고 주장하고 나섰다. 특히 새정치연합의 무능과 세월호 문제에 관련된 담합적 여야 합의로 상징되는 부족한 개혁 의지는 이런 움직임에 기폭제가 됐다.

특히 대통령 후보를 지낸 정동영 상임고문이 이 부름을 외면할 수 없다며 어제 새정치연합 탈당을 선언했다. 사실 김대중 정부와 노무현 정부의 핵심이던 정 고문은 2010년을 기점으로 전혀 다른 정치인으로 다시 태어났다. 두 정권 관계자 중 유일하게 민생 파탄을 가져온 두 정권의 신자유주의 정책에 대한 통렬한 자기반성문을 발표했고, 노동 현장 등 가장 고통받는 민초들 속으로 내려가 함께했다. 새정치연합의 또 다른 개혁적 거물 정치인인 천정배 전 의원도 새로운 정치에 대해 깊은 고민을 하고 있다니 주목할 필요가 있다.

국민모임은 정치 개혁을 촉구하는 국민 운동이지 신당 창당 조직은 아니다. 새로운 정치 세력의 태동을 돕기 위해 신당추진위를 발족시키기로 했지만, 아직도 갈 길은 멀기만 하다. 그러나 아직 추진위도 뜨지 않은 신당의 지지율이 18.7퍼센트를 기록해 새정치연합의 코밑까지 추격한 사실은 새로운 정치를 향한 국민적 여망을 잘 보여주고 있다.

국민모임이 찻잔 속 태풍으로 끝날지, 아니면 거대한 태풍이 돼서 한국 정치를 바꾸어놓을지 알 수 없다. 그러나 이 운동이 성공을 거두려면 과거의 진보 정당 같은 좁은 정파적 운동을 넘어서야 한다. 대신 정동영 고문으로 대표되는 새정치연합 내 진보파와 기성 정당에 참여하지 않은 무당파 진보 세력, 민주노총을 중심으로 한 노동운동, 그리고 정의당과 노동당 같은 기성 진보 정당 세력들이 하나로 합쳐져 '일종의 진보 빅텐트'를 만들어야 한다. 다만 정치 공학적 합종연횡이 아니라 이윤이 아닌 생명 같은 새로운 가치에 기초한 진정성 있는 가치 연합이어야 한다. 그것만이 국민의 눈물을 닦아주는 정치를 성공시킬 수 있다.

《경향신문》 2015년 1월 12일

국민모임은 야권 분열인가

권노갑 새정치민주연합 상임고문님, 안녕하십니까.

잘 모르시겠지만, 저는 서강대학교에서 한국 정치를 가르치고 있는 손호철 교수라고 합니다. 저는 1970년 대학에 입학해 학생운동에 투신, 김대중 후보가 박정희 정권이 저지른 부정 선거 때문에 석패한 1971년 대통령 선거에서 신민당의 대학생 선거참관인단으로 참가해 부정 선거를 목격했습니다. 이 문제를 바로잡기 위해 신민당을 찾아가 국회의원 선거를 보이콧하라는 요구를 하다가 투옥된 일이 있습니다. 그렇게 권 고문이 모셔온 김대중 대통령 때문에 옥살이를 해야 했습니다.

그 뒤에도 줄곧 다양한 현장에서 사회운동을 해오고 있습니다. 특히 김 전 대통령에 관련해 말씀드리자면, 출옥 뒤에도 김 대통령을 열렬하게 추종하다가 1987년 김 대통령이 '대통령 욕심' 때문에 김영삼과 분열해 국민의 여망을 저버리는 모습을 보고 '3김 청산론'으로 돌아섰습니다. 또한 김대중, 노무현 대통령 시절에는 민주화를 위한 전국교수협의회(민교협) 공동의장으로서 두 정부가 무비판적으로 수용해 추진한 시장 만능의 신자유주의 정책에 대항해 싸워야 했습니다. 지금은 진보 정당만이 한국 정치의 희망이라고 생각해 '진보정치세력의 연대를 위한 교수연구자모임'의 상임의장을 맡아 분열된 진보 정당들의 통합을 위해 노력하고 있습니다.

그러던 중 세월호 참사가 터졌고, 이 문제에 관련해 새정연과 새누리당의 야합을 보면서 새정연은 더는 야당이 아니라 '새누리당 2중대'에 불과하다는 결론에 이르러 새정연을 대체할 수 있는 새로운 대중적 진보 정당의 건설을 촉구하는 '국민의 눈물을 닦아줄 수 있는 새로운 정치세력의 건설을 촉구하는 국민모임'(국민모임)에 참여하게 됐습니다.

특히 올 초에 쓴 칼럼에서 지적했듯이 이 새 정당은 신자유주의의 극복이라는 가치를 중심으로 해서 정의당과 노동당 같은 기성 진보 정당만이 아니라, 저처럼 기성 정당에 참여하지 않던 무당파 진보 세력, 민주노총과 노동정치연대 같은 노동 세력, 나아가 정동영 전 장관으로 상징되는 새정연의 진보파가 하나로 합쳐져 일종의 '진보 빅텐트'를 만들어야 한다고 주장하고 있습니다(〈국민의 눈물을 닦아주는 정치〉, 《경향신문》 2015년 1월 12일). 그리고 갑자기 생겨난 건강상의 이유와 집안의 우환으로 제대로 임무를 수행하고 있지 못하지만 국민모임이 추진하는 신당추진위의 운영위원장을 맡고 있습니다.

제 소개가 길어졌습니다. 그러나 제가 이 글을 쓴 배경을 이해하셔야 할 것 같아 긴 소개를 했습니다. 며칠 전 저는 충격을 받았습니다. 권 고문께서 제 칼럼과 국민모임의 촉구에 답해 새정연 탈당과 국민모임 참여를 선언한 정동영 전 장관(그리고 새정연을 비판하며 탈당해 광주 재보궐 선거에서 무소속으로 출마한 천정배 전 장관)에 대해 "이치에도 맞지 않고 명분도 없는 일"이라며 "야권 분열을 일으킨다면 정치 생명이 끝날 것"이라고 경고했기 때문입니다.

사실 저는 과거 권 고문에 대해 '낡은 3김 정치'를 상징하는 대표적인 가신 그룹으로, 비리에 연루된 '부패 정치인'이라는 부정적 이미지를 갖고 있었습니다. 그러나 김대중 대통령 밑에서 각종 혜택을 누리고도 종편에 나와 민주화 운동 세력을 향해 독설을 늘어놓은 덕으로 박근혜 정부에서 잘나가는 인간들을 보면서 최소한의 인간적 원칙을 지키고 있는 권 고문을 높이 평가하게 됐습니다. 그런데 이번에 하신 발언은 충격이었습니다.

정동영 전 장관의 새정연 탈당과 국민모임 참여가 야권 분열인가 아니면 야권 혁신인가에 대해서는 나중에 따로 논의하겠습니다. 정말 충격적인 점은 다른 사람도 아니고 '야권 분열'이라면 타의 추종을 불허한 김 대통령을 가장 가까운 곳에서 보좌하신 권 고문의 입에서 야권 분열이라는 비판이 나온 사실입니다. 딱 두 가지만 이야기하겠습니다. 1987년과 1995년의 일입니다.

먼저 1987년 양김의 분열입니다. 당시 김영삼 후보는 지금의 새정연처럼 중요 사안(세월호 관련법 등)을 여당(당시 민정당)과 밀실 합의하거나 해당 상임위원장으로서 국민적 분노를 산 법안(연말정산 세법 개정 등)을 처리하는 과정에서 여당과 손잡고 몇 분 만에 졸속 통과시키지 않았습니다. 그런데도 김대중 대통령은 출마를 선언하고 야권을 분열시켜 국민들이 6월 항쟁을 통해 쟁취한 직선제 개헌의 성과를 대구-경북[TK] 군사 독재 세력에게 헌납하고 말았습니다. 그 결과 군사 정권의 종식은 5년 늦어졌고, 지역주의는 전면화됐으며(부마 항쟁에 보여주듯 1987년 양김의 분열과 3당

통합 이전에는 호남과 부산-경남은 민주화 운동의 동지였습니다), 민주화 세력은 분열했고, 국민들은 허무주의에 빠졌습니다.

1995년은 또 어떻습니까? 1992년 대선에서 김 대통령은 3당 통합이라는 망국적인 반호남 지역 연합에 밀려 패배한 뒤 정계를 떠났습니다. 그 뒤 민주당은 호남과 함께 또 다른 민주화 세력의 근거지인 부산 지역의 거물 정치인으로 3당 통합을 따라가지 않은 이기택 씨가 당대표가 돼 통합 야당의 위상을 지키고 있었습니다. 그러나 김 대통령은 1995년에 정계 복귀를 선언하며 민주당으로 돌아오지 않고 새정치국민회의라는 신당을 만들어 야권 분열을 주도했습니다. 여기에 저항해 제정구, 김원기, 노무현, 유인태, 원혜영, 김부겸 같은 내로라하는 개혁적 정치인들이 통합 야당을 추진하기 위해 '국민통합추진회의'(통추)를 만들어 야인 생활을 해야 했습니다.

그런데 권 고문이 김 대통령에게 야권 분열을 경고하고 통추에 참여했다는 소리는 못 들었습니다. 그때의 민주당이 현재의 새정연처럼 민자당 2중대라서 야권 분열을 감수하고라도 신당을 창당해야 했나요? 전혀 그렇지 않습니다.

권 고문께 묻겠습니다. 1987년의 양김 분열, 1995년의 새정치국민회의 창당과 현재의 국민모임 흐름 중 어느 것이 야권 분열이고 어느 것이 야권 혁신이라고 생각하십니까? 긴 말 필요 없이 1987년과 1995년에 견줘 현재가 훨씬 더 명분이 있습니다. 비유해 이야기하자면, 좀 심하게 들리겠지만, 지금의 상황은 전두환 치하의 1985년 총선에서 '어용 야당' 민한당에 반대해 양김이 '야권 분열'을 통해 '야권 혁신'을 한 신민당 창당에 가깝다고 하겠습니다.

김대중 정부와 노무현 정부 10년에 대한 심판이던 2007년 대선 참패 이후 민주당(새정연)의 행적을 보면 왜 그런지 잘 알 수 있습니다. 대선과 총선 참패에도 불구하고 민주당은 뼈를 깎는 자기반성을 전혀 하지 않았습니다. 그러나 노 대통령의 비극적인 죽음과 이명박 정부의 실정으로 2010년 지방선거에서 승리했고, 그 뒤 이 승리는 독으로 작용해 연이은 패배로 이어졌습니다.

2012년 대선만 해도 그렇습니다. 저는 문재인 대통령 후보가 대선에서 승리하는 길은 무엇보다도 민주당을 혁신해 국정을 맡길 만한 제대로 된 개혁 정당임을 국민에게 보여주는 것이라고 여러 차례 칼럼을 통해 지적했습니다. 그러나 문 의원은 이해찬-박지원 야합 등 낡은 정치를 전혀 혁신하지 못함으로써 질 수 없는 선거를 지고 대통령 자리를 박근혜 후보에게 상납하고 말았습니다. 한마디로 집권 능력이 없는 무능의 극치였습니다.

박근혜 후보가 당 색깔까지 그토록 싫어하는 빨간색으로 바꾸며 변신하고 있을 때 자기 당 하나 바꾸는 척조차 하지 못하는 문재인 후보를 누가 찍겠습니까? 사실 새정연이 박근혜 정부의 실정을 신랄하게 비판하고 있지만 박근혜 후보에게 정권을 내줘 국민들이 고통을 당하게 만든 일차적인 책임은 지난 대선에서 부족한 혁신으로 정권을 내준 민주당과 문재인 의원에게 있습니다.

뿐만 아니라 그 뒤에도 민주당은 질 수 없는 여러 선거를 계속 새누리당에 헌납했습니다. 게다가 앞에서 지적한 세월호 관련법과 연말정산 세법 개정 야합이 보여주듯이 새정연은 '새누리당 2중대'로 변모했습니다. 각종 비리투성이 총리 후보자가 간신히 청문회를 통과하자 야당 원내대표라는 사람이 "도와주지 못해 가슴이 아팠다"며 총리를 부둥켜안고 함께 눈물을 흘리는 지경이니 무슨 말을 더 하겠습니까. 한마디로 제1야당으로서 여당을 견제하고 집권하려는 의지도, 능력도, 정책도 없는 정당이 지금의 새정 연입니다.

최근 들어 문재인 대표의 컨벤션 효과와 박근혜 정부의 실정으로 그나 마 당 지지도가 올라가고 있지만, 일시적 현상일 뿐입니다. 아니 이런 일시 적인 지지율 상승에 도취돼 또 뼈를 깎는 혁신을 미루다가 다시 한 번 대 권을 헌납할 가능성이 매우 큽니다.

현실이 이렇거늘, 세월호 유가족부터 쌍용차 노동자에 이르는 국민의 눈물을 외면하는 현재의 야권을 혁신해 국민의 눈물을 닦아줄 수 있는 정 치를 복원하고 정권 교체를 이끌어내려는 국민모임이 어떻게 야권 분열입 니까? 오히려 이런 야권 혁신의 움직임을 야권 분열로 몰아감으로써 희 망이 없는 '2중대 야당'의 기득권 옹호에 앞장서는 일이야말로 '야권의 자 살'을 방조하고 새누리당의 또 한 번 승리에 기여하는 것이 아닌가요?

국민모임은 앞에서 지적했듯이 기성 진보 정당부터 정동영 전 장관에 이 르는 다양한 진보적 정치 세력을 모아 새로운 대중적 진보 정당을 건설함 으로써 야권을 교체하고 이 과정을 통해 정권 교체를 하는 것이 목표입니 다. 따라서 한쪽에서 염려하듯이 '정동영당'으로 나가거나 정반대로 '도로 민주노동당'으로 나가는 것을 가장 경계하고 있습니다. 그런 만큼 정 전 장관의 정치 생명에 대한 권 고문의 경고에 답하는 제 행동이 만에 하나라 도 '국민모임=정동영당'이라는 잘못된 이미지를 강화시키는 것은 아닌가 하는 염려가 생깁니다. 그런 염려에도 불구하고 여기에는 "도대체 정치란 무엇이고, 정치인이란 무엇인가"라는 근본적인 문제가 걸려 있기 때문에 몇 가지를 답하려고 합니다.

국민모임의 실험이 실패할 수도 있습니다. 그리고 그 결과로 저와 국민모임의 부름에 응답해 새정연을 탈당한 '정동영의 정치 생명'(세속적인 의미에서 하는 말입니다)이 끝날지도 모릅니다. 그러나 저는 결코 그렇지 않다고 자신 있게 말할 수 있습니다. 국민모임의 성공을 자신하기 때문이 아닙니다. 정반대로 새정연에 앉아 있는 순간 정 전 장관의 정치 생명은 이미 끝나기 때문입니다.

물론 정 전 장관도 권 고문처럼 고문 자리나 즐기거나 야권 분열을 비판하고 있으면 상임고문 자리도 지키고 잘하면 다음에 공천을 받아 국회의원을 한 번 더 할지 모릅니다. 그러나 그런 사람은 이미 '정치인'이 아닙니다. 세월호 관련법과 연말정산 세법 개정 야합에는 침묵하면서 원내대표가 '비리 총리'를 부둥켜안고 함께 눈물을 흘리는 야당의 고문 자리를 꿰차고 있으면 정치 생명이 유지되는 것인가요? 천만의 말씀입니다. 그건 이미 '정치'가 아니며 '정치인'도 아닙니다. 사실 새정연은 '정치인'이 모인 '정당'이 아니라 '정치라는 직업을 가진 자영업자들의 연합체'에 불과합니다.

아닙니다. 권 고문이 의미하는 '정치인 정동영'은 이미 오래전에 죽었습니다. '정치인 정동영' 하면 대부분 대통령 후보와 당대표까지 지낸 화려한 경력의 정치인을 연상합니다. 그러나 저는 과거 여러 칼럼에서 비판했듯이 '잘나가던 정치인 정동영'은 잘한 것도 많지만 잘못한 것도 많은 '결점투성이 정치인'이라고 생각합니다. 그리고 정 전 장관이 2010년 현재의 민생파탄의 근본적인 원인을 제공한 김대중 정부와 노무현 정부의 신자유주의 정책에 대한 통렬한 자기반성문을 발표하고 여의도를 떠나 용산과 쌍용차, 세월호 등 가장 고통받는 민초들 속으로 내려와 같이하기 시작했을 때, 세속적인 의미의 '정치인 정동영'은 이미 죽었습니다.

그리고 국민의 눈물을 같이하고 국민의 눈물을 닦아주는 '새로운 정치인 정동영'이 다시 태어나고 있는 것입니다. 여기에서 중요한 점은 새로 태어난 것이 아니라 새로 태어나고 있다는 사실입니다. 새로운 탄생은 아직 완성되지 않았고, 본인의 변심 때문에, 아니면 객관적 조건에 따라 미완의 프로젝트로 끝날 수도 있습니다.

권 고문님, 이제는 상당히 달라진 현실 정치에 대한 섣부른 훈수보다는 1987년과 1995년의 분열 같은 역사적 과오에 대한 진솔한 회고와 반성을 담은 책을 쓰셔서 한국 정치 발전의 초석을 놓는 것이 지금 하셔야 할 진정한 일이라고 생각합니다. 그리고 야권 분열 운운하시기 전에 한번 세월호와 쌍용차 현장에 내려가 국민의 신음 소리를 직접 듣고 국민의 눈물을 직접 보시기 바랍니다. 그래도 '야권 분열' 이야기가 나올지 궁금합니다. 권 고문만이 아니라 문재인 대표와 새정연에 모두 해당되는 이야기입니다. 건강하시기 바랍니다.

《프레시안》 2015년 3월 24일

비례대표 축소는 위헌이다

민주주의의 최소 조건은 무엇일까? 여러 가지를 생각할 수 있지만 보통선 거권이 가장 적합한 답이라 할 수 있다. 인구의 20퍼센트도 안 되는 남성 유산자만 투표권을 가진 사회를 민주주의라고 할 수는 없기 때문이다.

이 점에서 많은 사람들의 생각과 달리 민주주의의 역사는 그리 길지 않 다. 100년 전만 해도 민주주의 선진국에서도 노동자와 여성은 아예 투표 권이 없었다. 부유한 사람들과 자유주의자들은 특히 다수를 차지하는 가 난한 사람들이 투표권을 가지면 '쪽수'를 이용해 사유재산제를 없앨 것이 라고 염려했다. 그러나 언제까지 이런 사람들에게 투표권을 주지 않을 수 는 없었기 때문에, 존 스튜어트 밀처럼 개혁적 자유주의자들은 노동자들 에게도 투표권을 주되 자본가들은 1인당 네 표, 노동자들은 한 표씩 줘서 '쪽수의 열세'를 상쇄할 수 있게 해야 한다고 주장했다.

만일 우리 사회에서 밀의 주장처럼 자본가에게는 4표를, 노동자에게는 1

표를 주면 어찌될 것인가? 당연히 폭동이 일어날 것이다. 불행하게도 사실은 우리의 현실이 그렇다. 물론 우리는 형식적으로는 1인 1표의 보통평등 선거를 실시하고 있다. 그러나 지역구 간 인구 격차가 최고 3.5배에 이를 정도로 심해 어느 선거구 주민들은 사실상 3표 이상을 행사하고 있다. 헌법 재판소는 이렇게 선거구 간 인구 격차가 너무 심해 1인 1표라는 표의 가치의 평등성(등가성)이 지나치게 훼손되는 것은 위헌이라 밝히고 인구 격차를 2 대 1 이내로 줄이라고 판결했다. 판결에 따라 국회는 선거 제도 개혁을 논의하고 있다. 그러나 새누리당은 지역구 의원들의 지역구를 지켜주기 위해 지역구를 늘리는 방향으로 인구 격차를 해소하고 그만큼 비례대표 의석수를 줄이려 하고 있다. 물론 동료 의원의 지역구를 지켜주려는 동료 의식은 충분히 이해되지만 헌법재판소의 판결을 거스르는 위헌적 발상이다.

주목할 것은 선거구별 불평등 이상으로 심각한 '거대 보수 지역 정당'과 '군소 진보 정당' 간 표의 가치의 불평등이다. 새누리당과 새정치민주연합 이라는 두 거대 정당과 그 전신들은 2008년과 2012년 총선에서 자신들이 받은 표에 견줘 5~20퍼센트 더 많은 의석수를 차지했다.

반면 군소 진보 정당들은 2008년에는 8.5퍼센트를 얻고도 1.7퍼센트의 의석을 차지했고, 2012년에는 11.4퍼센트를 얻고도 3.7퍼센트의 의석을 차지했다. 2008년에 두 거대 정당에 던진 1표는 진보 정당에 던진 표에 비교할 때 5.5표로 계산된 셈이었다. 2012년에도 진보 정당을 찍은 사람에 비교할 때 두 거대 정당을 찍은 사람은 일인당 3.7표를 행사했다. 한마디로 헌법재판소가 위헌이라고 판결한 3.5 대 1보다 불평등의 정도가 크다.

현실이 이런데도 기득권을 지키기 위해 지역구 수를 늘리고 비례대표 의석을 줄이는 것은 표의 가치의 불평등을 더욱 심화시키는 반민주적 개악이자 위헌적 정책이다. 바로 이런 이유 때문에 중앙선거관리위원회는 지역주의 완화를 위해 권역별 비례대표제를 도입하되 헌법재판소 판결에 기초해 사표를 줄이고 표의 가치의 불평등을 축소하기 위해 비례대표 의석수를 현재의 두 배로 늘리는 한편 의석 배분을 득표율에 일치시키는 독일식 선거 제도를 도입해야 한다는 의견을 냈다. 따라서 새누리당의 비례대표 축소 시도는 헌법재판소 판결만이 아니라 선관위의 의견에도 역행한다.

새누리당과 국회는 위헌적인 비례대표 축소 시도를 중단하고 헌법재판소와 선관위의 의견에 기초해 비례대표 의석을 늘려야 한다. 또한 선관위 안처럼 독일식으로 의석 배분 방식을 바꿔야 한다. 비례대표 확대에는 두 가지 방법이 있다. 국회의원 수 늘리기와 지역구 의석 줄이기다.

국민들의 정치 불신 때문에 의원 수 증원은 쉽지 않을 것이다. 아니 의원을 줄이라는 의견이 다수다. 그러나 전문가들이 선진 민주 국가들에 비교해 산출한 우리의 적정 국회의원 수는 370명 선으로, 현재보다 70여 명이 많다. 따라서 비례대표 확대를 전제로 의원수를 늘리는 것이 최선이다. 대신 국회의원의 특권을 대폭 줄이고 필요하면 일부의 제안처럼 세비 총액을 현수준으로 동결해 의원수 확대만큼 일인당 세비를 삭감하면 된다.

여야, 나아가 전문가들이 나서 비판적인 여론 설득해야 한다. 여론의 반대로 의원수를 확대할 수 없으면 차선책으로 의원수는 현행을 유지하되 지역구를 줄여 비례대표를 늘려야 한다. 어렵지만 위헌적인 표의 불평등을 어느 정도라도 해소하려면 할 수 없는 일이다. 비례대표는 그동안 낙하산, 돈 공천 등 잡음이 많았다. 따라서 비례대표 확대와 함께 각 당이 비례대표 선출 방식을 투명화하고 민주화하도록 의무화해야 한다.

《경향신문》 2015년 8월 6일

시대의 스승, 리영희와 신영복

스승이 없는 시대다. 그나마 몇 되지 않는 우리 시대의 스승 중 한 분이 또 세상을 떠났다. 5년 전(2010년), 우리는 리영희 선생님을 보내드렸다. 이번 에는 신영복 선생님이 우리 곁을 떠났다. 최근 고령화 추세를 고려하면, 이 제 75세면 아직 '창창한' 연세건만 왜 이렇게 빨리 우리 곁을 떠나시는가?

신 선생님을 보내며 우리 시대의 두 선생님을 떠올리게 된다. 지식인이 어떻게 살아야 하는지를 생각해보게 된다. 두 선생님은 부조리한 현실에 치열하게 맞서 투쟁하며 긴 감옥 생활을 해야 했다. 또한 주옥같은 글로 우리를 일깨운 우리 시대의 대표적인 실천적 지식인이자 사표이시다. 그러 나 이런 공통점에도 불구하고 두 분은 상당히 다르며, 두 개의 다른 지식 인 모델을 보여준다.

리영희 선생님은 불의에 타협할 줄 모르는 칼날 같은 선비였다. 《우상과 이성》이라는 제목이 보여주듯 평생 날카로운 펜으로 우리 사회가 당연하게 생각하고 신봉해온 우상들을 거침없이 파헤치고 허구성을 폭로했다.

그렇기 때문에 리 선생님의 글은 항상 격렬한 찬반 논쟁을 불러일으켰다. 개인적으로도 그렇다. 고인을 추모하는 글에서 밝혔듯이, 리영희 선생님은 제자뻘인 우리들을 만나면 가르치셨다. "현대 자본주의 사회에서 사람들은 생각은 거의 없으면서 삶의 수준만 높게 살려고 하는데, 정반대로 '생각은 높게 하지만 삶은 소박하게 살아라think high but live simple'."

특히 청빈한 삶으로 이런 철학을 철저하게 실천하셨다. 그런 만큼 그렇게 살지 않는 인간들을 경멸하고 비판했다. 한마디로 리영희 선생님은 남보다 열 발자국 앞서 나가며 '선도 투쟁'을 통해 우리에게 갈 길을 보여주신 선각자였다.

신영복 선생님은 다른 스타일이다. 선생님이 통일혁명당 사건으로 무기 징역을 선고받고 20년 감옥살이를 하고 나오시기 전에는 어떤 스타일이었는지 알 수 없다. 그러나 출소 뒤의 신 선생님은 리영희 선생님 같은 스타일의 지식인이 아니었다. 잘 알려져 있듯이 신 선생님은 노자의 '상선약수上善若水'론을 좋아하셨다. 최고의 선은 물처럼 사는 것이라는 주장이다. 물은 만물을 이롭게 하고, 선두를 다투지 않으며, 가로막으면 돌아가고 무리하지 않지만, 항상 가장 낮은 곳으로 흐른다는 것이다. 이 물처럼 부드럽고, 다투지 않고, 무리하지 않으면서, 그러기 때문에 정말 강한 분이 바로 신 선생님이다.

리영희 선생님의 글이 '우상에 대한 도전'으로 늘 첨예한 사회적 논쟁을 불러일으켰다면, 오랜 감옥살이와 사색에서 우러나온 인문학적 성찰에 기초한 깊은 울림을 지닌 신영복 선생님의 글은 이념을 넘어 보수층까지 파고들어 많은 사람을 감동시켰다.

리 선생님이 천동설에 대항해 지동설을 주장한 갈릴레오 갈릴레이 같은 외로운 '선도 투쟁'형 지식인상을 상징한다면, 신 선생님은 당신의 표현을 빌리자면 물 같은, 낮은 방향의 아래로 나아가는 '하방연대'의 지식인이었다. 신 선생님 사상의 핵심은 '더불어'다. "나무가 나무에게 말했다. 우리 더불어 숲이 되어 지키자"는 '더불어 숲'이다. "연대는 위로 하는 것이 아니고 물처럼 낮은 곳과 하는 것"이라는 하방연대론으로 신 선생님은 정규직이 비정규직하고 연대해야 하고 노동운동이 농민운동과 빈민운동 등 약한 운동하고 연대해야 한다고 주장했다.

신영복 선생님은 선각자가 '홀로 열 발자국'을 앞서 가 대중들에게 갈 길을 알려주는 선도 투쟁보다는 '여럿이 함께 다 같이 한 발자국'을 나아가자는 연대 투쟁과 '하방연대'의 사상가였다. 개인적으로도 삶의 원칙에서 치열하고 남에게도 엄격하던 리 선생님하고 다르게 신 선생님은 항상 잔잔한 웃음을 잃지 않는 부드러움 그것 자체였다.

개인적으로 젊을 때는 리영희 선생님을, 나이들어서는 신영복 선생님을 배우려 했지만 두 분 다 흉내도 내지 못했다. 두 지식인상은 어느 것이 더 낫다고 비교할 수 있는 성격이 아니며, 둘 다 반드시 필요한 우리 시대의 사표다. 특히 지금처럼 어두운 '반동'의 시대는 그 어느 때보다도 선도 투쟁과 하방연대의 두 사표를 필요로 하고 있다. 그러나 리 선생님에 이어 신 선생님이 세상을 떠나면서 이제 두 자리는 모두 비고 말았다. 이제 우리는 어쩌라는 말인가?

《경향신문》 2016년 1월 19일

안철수 대표께

안철수 국민의당 상임대표님, 얼마나 바쁘십니까. (기억하시는지 모르지만, 저는 지난 대선 때 정치 개혁을 위해 국회의원 수를 줄이자는 안 대표의 제안이 국민의 반정치 정서에 야합하는 포퓰리즘적 개악이라는 고언을 이 지면을 통해 드린 적이 있습니다. 다시) 이렇게 펜을 든 이유는 야권 통합과 연대에 관한 안 대표님의 견해에 대해 고언을 드리기 위해서입니다.

당신은 더민주가 제안한 "야권 통합은 양당 체제를 유지하고 현재 상황을 유지하는 하책"이며, 국민의당의 "분명한 목표는 기득권 양당 체제를 깨는 것"이고 "공식적이고 확고한 입장은 수도권 연대가 없다는 것"이라고 주장했습니다. 맞습니다. 양당의 공생적 기득권 체제가 한국 정치에 끼친 폐해는 이만저만한 것이 아니기 때문에, 안 대표님의 문제의식에 충분히 공감합니다. 사례가 무수히 많습니다만, 하나만 들어보겠습니다. 표의 등가성을 지나치게 해치는 선거 제도는 위헌이라는 헌법재판소의 판결과 사표를 줄이기 위해 비례대표를 늘리고 독일식 연동제를 도입해야 한다는 선거관리위원회의 제안에도 불구하고, 양당은 야합해 오히려 비례대표를 줄이는 개악을 저질렀습니다.

그러나 안 대표님이 주장하듯이 기득권 양당 체제를 깨기 위해 수도권 연대까지 거부하는 독자 노선이 과연 당신이 생각하는 '3당 경쟁 체제'를 가져다줄 것이라고 생각한다면, 그것은 착각입니다. 당신의 독자 노선이 오는 2016년 총선에서 기득권 양당 체제를 깰 것이라는 주장은 맞습니다. 그렇지만 그 체제를 대신할 것은 3당 경쟁 체제가 아닙니다. 야권 분열로 새누리가 압도적 의석을 차지하는, 잘못하면 새누리가 개헌 가능 의석을 독식하는 새누리 '1당 지배 체제'가 될 것입니다.

그것이 당신이 바라는 결과인가요? 양당제라고 하지만 현재는 새누리당 55에 더민주 45인 기울어진 양당 체제입니다. 그런데 예를 들어 정의당 같은 진보 정당은 일단 빼고 의석 비율을 새누리당 67, 더민주 19, 국민의당 14로 만드는 것이 양당 체제 타파인가요? 새누리당이 압도적 의석, 개헌 가능 의석을 차지하고 더민주와 국민의당이 나머지를 엇비슷하게 나눠 가지면 3당 경쟁 체제가 될 것이라고 생각하나요? 천만의 말씀입니다. 그 것은 새누리당이 야당 눈치를 보지 않고 자기 하고 싶은 것을 마음대로 하는 일당 지배 체제입니다.

당신은 더민주의 연대 제의를 거절하면서 기득권 양당 체제를 깨기 위해서라고 설명했습니다만, 당신이 기득권 양당 체제라며 비판한 새누리당은 기이하게도 더민주의 연대 제의를 맹비판하고 당신의 독자 노선에 박수를 치고 있습니다. 왜 그런다고 생각하십니까? 바로 거기에 답이 있습니다. 다시 한 번 강조하지만, 당신이 내건 독자 노선의 결과는 3당 경쟁 체제가 아니라 새누리당의 1당 지배 체제입니다. 며칠 전 광주-전남 지역 재야 원로들이 야당 세력들은 다가오는 총선에서 새누리당 이정현 의원의 순천을 제외한 호남에서는 자유 경쟁을 보장하고 비호남에서는 연대하라는 견해를 밝혔습니다. 이 주장이 정답입니다.

하나 더 지적하고자 합니다. 기득권 양당 체제를 깨려면 이념적 거리가 얼마 되지 않는 새누리당과 더민주 사이를 비집고 들어가 '경제는 더민주, 안보는 새누리' 같은 짬뽕형 제3당을 만드는 방식을 택해서는 안 됩니다. 오히려 정의당이나 노동당 같은 진보 정당들을 강화해 진정한 다당제로 나가야 합니다. 그래야 진정한 정책 경쟁이 가능합니다.

한쪽에서는 당신이 새누리당의 총선 압승 가능성에도 불구하고 독자 노선을 고집하는 이유가 대통령 선거 때문이라고들 이야기합니다. 그러나 그동안 보여준 공익적 리더십이나 지난 서울시장 선거와 대통령 선거에서 보여준 양보의 자세를 볼 때, 당신이 개인적 욕심 때문에 우리의 미래를 망칠 사람은 아니라고 생각합니다.

그리고 당신이 다가오는 총선에서 독자 노선을 고집해 새누리당 1당 지배 체제가 온다면 당신은 야권 지지자들에게서 엄청난 비난을 받을 것이고, 따라서 당신의 대통령 꿈은 날아가버릴 겁니다. 아니 새누리당 대통령 후보가 될 기회는 남아 있을지 모릅니다. 한국 정치의 백신이 될 것인가? 아니면 1당 지배 체제의 악성 바이러스가 될 것인가? 현명한 선택이 필요합니다.

《경향신문》 2016년 3월 8일

한국예외주의를 넘어서

"대통령이라는 직함을 가진 신사가 자전거 꽁무니에 막걸리병을 싣고 삼십리 시골길 시인의 집을 놀러가더란다."

'우리가 살고 싶은 나라'라는 주제를 듣는 순간 정치학자로서 떠오른 것은 신동엽의 시다. 그러나 이것은 낭만적인 헛꿈이다. 그 정도는 아예 바라지도 않는다. 최소한 문명국들이 누리고 있는 사상의 자유, 표현의 자유만이라도 보장되는 나라에서 살고 싶다. 대통령을 풍자했다는 이유로 예술가가 끌려가지 않고, 아무리 틀린 생각이라 하더라도 특정한 사상을 믿는다는 이유로 감옥에 가거나 당이 해산당하지 않으며, 여당 원내대표가 헌법이 보장한 3권 분립을 주장했다는 이유로 찍혀 나가지 않고, 갑자기 낙후한 독재 국가에서나 하는 역사 교과서 국정화를 하겠다고 나서지 않는 나라에서 살고 싶다. 나는 이것들을 모두 응축해 '한국 정치의 예외주의를 넘어서'라고 말하고 싶다. '한국예외주의를 넘어서 글로벌 스탠더드의 정치'에서 살고 싶다.

미국 정치학의 중요한 화두 중 하나는 '미국예외주의'다. 왜 미국은 유독 유럽하고 다르게 사회민주당, 사회당, 공산당, 녹색당 같은 좌파 정당 또는 '진보 정당'이 존재하지 않는가? 그 결과 정치가 '보수 대 진보'가 아니라 '보수 양당제'를 취하고 있는가? 우리도 마찬가지다. 해방 정국을 거쳐 분단이 고착화된 뒤 진보 정당은 사라지고 정치는 보수 양당제가 지배해왔다. 미국하고 비슷한 '한국예외주의'다. 게다가 미국하고도 다른 우리만의 예외주의가 있다. 우리의 보수는 '글로벌 스탠더드의 보수'하고는 다른 '극우 냉전' 세력에 가깝다.

최근 들어 냉전 보수 세력 대 민주 야당 세력의 갈등을 흔히 '보수 대 진보'라고 부르지만, 이것은 잘못이다. 한민당에서 더불어민주당(그리고 안철수의 국민의당)에 이르는 '민주 야당' 세력은 미국의 민주당하고 비슷한, 개혁적인 '자유주의' 정당이지 유럽식 '진보 정당'은 아니다. 조봉암의 진보당, 민주노동당, 정의당 등이 진보 정당이다. 최근의 한국 정치는 새누리당 같은 보수conservative, 개혁 또는 자유주의liberal, 진보progressive라는 3분 구도다. 정확히 표현해 거대 양당과 취약한 진보의 2.1정당 체제다. 새는 좌우 날개로 날아야 하건만, 우리 정치는 오른쪽 날개만 있는 기이한 새다. 아니 오른쪽에는 독수리 날개가 있고 왼쪽에는 병아리 날개가 달려 오른쪽으로 기우뚱하게 나는 기이한 새다.

정치의 기능이란 '사회적 갈등의 제도적 조정'이다. 사회적 갈등을 정당과 의회 같은 제도 안에서 조정해 해소함으로써 파국을 예방하는 것이 바로 정치다. 그리고 현대 자본주의 사회의 갈등은 노동 대 자본, 빈자 대 부자를 기본축으로 하되 생태 대 개발, 소수자(여성·동성애자·장애인 등) 대

다수자, 평화 대 전쟁 같은 갈등들이 중첩돼 있는 '진보 대 보수'의 구도라고 할 수 있다. 따라서 정치도 이런 '진보 대 보수'의 구도를 취하는 것이 일반적이다. 그러나 우리는 보수 일변도의 정치가 보수 대 진보라는 사회적 갈등을 제대로 반영하지 못함으로써 '갈등의 제도적 조정'이라는 제 기능을 제대로 수행하지 못하고 있다. 그 결과가 바로 골리앗 투쟁과 희망버스다. 사회적 갈등을 조정하지 못하는 '제도 정치의 무능력'이 '거리의 정치'의 일상화를 가져온 것이다.

외국 학자들과 사회운동가들은 우리의 거리 투쟁과 운동을 부러워한다. 그럴 만하다. 그러나 뒤집어 생각하면 그런 사람들이 부러워하는 활발한 거리 투쟁은 한국 정치의 무능력의 결과라는 점에서 자랑거리만은 아니다. 정치가 제 기능을 다해 외국이 부러워하는 거리의 정치가 사라지는 곳, 그런 곳이 우리가 살고 싶은 나라다.

국민대통합위원회가 지난 연말에 한 조사에 따르면 국민들이 가장 심각하다고 생각하는 갈등은 계층(75%), 노사(68.9%), 이념(67.7%), 지역 갈등(55.9%) 차례였다. 특히 계층 갈등은 조사를 시작한 2010년 이후 가장 심각한 것으로 나타났다. 헬조선, 금수저 논쟁을 생각하면 당연한 일이다. 시급히 해결해야 할 갈등도 이념, 계층, 노사, 지역의 차례였다.

계층과 노사 갈등이 심화된 이유는 보수 정부의 무능으로 1997년 경제 위기가 찾아온데다가 김대중 정부가 위기 극복을 위해 시장 만능의 신자유주의 정책을 무비판으로 수용하고 그 뒤 정권들이 이런 정책을 계승해 심화시켰기 때문이다. 게다가 이런 상황 때문에 생겨난 사회적 불평등과 갈등을 정치가 제 기능을 해서 풀어내지 못했기 때문이다. 그 중심에는 신자유주의와 보수 독점 체제라는 한국 정치의 예외주의가 자리잡고 있다.

한국예외주의는 잘 알려져 있듯이 분단에 따른 반공주의 등에 기초해 있다. 그 결과 '진보 대 보수'가 아니라 보수 양당 간의 '민주 대 반민주'가 한국 정치의 기본 틀이었다. 그러나 1980년 광주 학살 이후 진보가 살아났다. 또한 반공주의가 약화되고 민주 노조가 생겨나는 등 진보의 성장에 유리한 조건들이 나타났다.

그때 새로운 장애가 등장했다. 1987년 민주화 이후 약화된 민주 대 반민주를 대체한 것은 진보 대 보수가 아니라 지역주의다. 한국 정치를 지배하는 것은 지역주의, 그리고 최근 부상한 세대 갈등이다. 한국 정치는 지역주의의 압도적 우위하에 커지고 있는 세대 갈등, 약화됐지만 사라지지 않은 민주 대 반민주, 그리고 아직 제대로 자리잡지 못한 진보 대 보수가 결합해 있는 구도다.

지역주의가 하루아침에 없어지지는 않을 것이다. 또한 호남이 '민주주의의 보루'로서 역사적 구실을 해온 것은 매우 중요하다. 그러나 이 상황을 넘어서야 한다. 김대중 정부를 통해 호남의 한은 이제 어느 정도 해소됐다. 또한 인구 면에서 영남이 누리고 있는 압도적 우위를 생각할 때 지역주의 정치는 '지는 게임'이다. 특히 호남 인구가 충청보다도 적어지는 등 줄고 있다(보수의 아성인 고령층 증가와 함께 염려되는 인구학적 추세다).

박정희 정권을 무너뜨린 부마 항쟁이 보여주듯이 1990년 3당 통합 이전에 부산-경남은 '민주 세력'이었다. 단기적으로는 영남패권주의를 내파시켜 부산-경남을 '민주 진영'으로 견인해야 한다. 그러나 중장기적으로는 지역 구도를 해체해 진보 대 보수의 정치 구도로 가야 한다. 거지부터 재벌까지 호남은 자기 지역당을 찍고 영남도 자기 지역당을 찍는 '초계급적 지역 연합'을, 호남과 영남의 노동자들이 지역을 넘어 진보 정당을 지지하는

'초지역적 계급 연합'으로 바꿔야 한다.

한국 정치가 예외주의를 벗어나 '진보 대 보수'라는 '글로벌 스탠더드'로 가기 위해서는 제도 개혁이 필요하다. 선거관리위원회의 제안대로 비례대표를 확대하고 독일식 연동제를 도입해 사표를 줄여야 한다. 헌법재판소는 국회의원 선거에서 인구 격차에 따라 3 대 1에 이르는 표의 가치의 차이는 위헌이라고 판결했지만, 양대 거대 정당을 찍은 표는 진보 정당에 던진 표의 4배로 계산되고 있다. 그런데도 거대 양당은 야합해 오히려 비례대표를 줄이는 위헌적 개악을 단행했다. 사표를 줄이고 야권 분열 문제를 해결하기 위해 결선투표제를 도입해야 한다. 사상의 자유를 제한하는 국가보안법도 폐지해야 한다.

진보 정당의 성장에 시간이 걸리는 만큼 더민주 같은 자유주의 정당들이 좌클릭해야 한다. 김대중, 노무현 정부의 신자유주의 정책에 따른 양극화가 냉전적 보수 세력의 지지 기반('강북 우파')이 되고 있다는 점에서 과거 정책에 대한 발본적인 반성과 청산이 필요하다. 특히 지금까지 유지된 '노동 없는 복지' 노선에서 '노동 있는 복지'로 바꿔야 한다.

진보 정당은 민주노동당으로 상징되는 진보 정당 운동 3기를 끝내고 새로운 순환을 시작해야 한다. 과거의 '친북 노선'을 넘어서고 비정규직, 청년 세대, 이주 노동자를 포괄하는 노동운동의 재구성, 여성운동, 환경운동 등을 포괄하는 무지개 연합을 추구해야 한다. 진보 정치를 통해 신자유주의와 보수 독점 정치의 결과인 사회 양극화를 해소해야만 시장의 낙오자들을 중심으로 한 한국형 파시즘의 기반을 해체할 수 있다. 정상적인 좌우 두 날개로 나는 정치, 그것이 내가 생각하는 '우리가 살고 싶은 나라'다.

《한겨레》 2016년 3월 11일

우리는 어디로 가고 있는가

"우리는 어디서 왔고 무엇이며 어디로 가고 있는 것일까?" 세계적인 화가 폴 고갱이 말년에 그린 명작의 제목이다. 고갱은 이 작품명을 통해 인간과 인류에 대해 가장 근본적인 질문을 던지고 있다. 안타깝게도 요즈음 이 제목이 머리를 떠나지 않는다. 현재 세계를 뒤덮고 있는 것은 끝없는 테러와 증오의 정치다. 미국이 9·11 테러 뒤 '테러와의 전쟁'을 선포하고 이라크 침공 등 세계를 전쟁으로 끌고 간 결과가 바로 '테러'와 '증오'의 지구화다. 우리는 어디서 왔고 무엇이며 어디로 가고 있는 것일까?

우리 사회도 크게 다르지 않다. 사방에 보이는 것은 희망이 아니라 절망이다. 오죽하면 헬조선이라는 섬뜩한 표현이 일상화됐겠는가? 내년(2017년)이면 민주화도 30년을 맞는다. 지난 30년간 우리는 많은 것을 이뤘다. 그러나 민주화 30년을 돌아보며 흐뭇해하기에는 현실은 너무 엄중하고 암담하다. 오히려 우리는 어디서 왔고 무엇이며 어디로 가고 있는 것일까

하는 근본적이고 실존적인 자문을 하지 않을 수 없다. 30년 전 거리로 쏟아져 나온 국민들이 만들고 싶어한 사회가 지금 같은 헬조선이었을까?

무엇보다도 국민들이 절망하는 것은 지도층의 타락이다. 검찰의 꽃이라는 검사장의 구속을 불러온 진경준 사태를 바라보며 국민들은 절망하고 또 절망한다. 각종 의혹으로 도배 중인 우병우 민정수석은 또 어떤가? 지도층이 지위에 걸맞은 도덕적 의무를 지는 '노블리즈 오블리제'가 아니라 지도층일수록 개처럼 행동하는 '노블리즈 개블리제'에 다름 아니다.

지도층이 타락은 했어도 최소한 유능해 살 만하게 만들어준다면 그래도 참을 만할지 모르겠다. 그러나 민초들의 삶은 헬조선이다. 게다가 박근혜 정부가 헬조선의 돌파구를 새마을운동에서 찾아야 한다고 주장하는 데 이르면 할 말을 잃게 된다.

놀라운 것은 사드다. 박근혜 정부는 한반도의 미래가 달린 사드 배치를 정치권, 나아가 국민적 논의와 합의도 없이 일방적으로 발표했다. 물론 북한의 핵무기는 막아야 한다. 그러나 사드는 단순한 무기 체계가 아니다. 세계 패권을 놓고 벌어질 미국-일본 대 중국의 대결에서 우리가 어떤 태도를 취할지를 결정하는, 우리 민족의 진로를 결정할 중차대한 문제다.

현정부는 사드 배치를 일방적으로 선언함으로써 한반도를 미-일-한국 대 중-러-북한의 새로운 냉전으로 몰아가고 있다. 그런데도 사드 논쟁을 '불필요한 논쟁'이라고 일축하니 대통령이라는 자리가 '무오류의 신'이라도 되는 양 착각하고 있는 것 같아 모골이 송연해진다.

박 대통령의 임기는 이제 1년 반밖에 남지 않았다. 따라서 조금만 버티면 된다. 그러나 우리의 문제는 현 정권이 끝난다고 해결될 것 같지 않다. 진짜 문제는 현재가 절망스럽다는 것이 아니라 미래가, 희망이 보이지 않는다는 것이다. 더민주도, 국민의당도, 정의당으로 상징되는 진보 정당들도 희망을 보여주지 못하고 있다.

　정당이 집권을 목표로 하는 정치 조직인 이상 정무적 판단을 할 수도 있다. 아니 해야 한다. 그러나 제1야당이 사드처럼 민족의 미래가 걸린 중차대한 문제에 대해 정무적 판단이라는 이유로 태도를 정하지 않는다는 것은 정당으로서 당연히 해야 할 기능을 스스로 포기한 것에 다름 아니다.

　"대선을 앞둔 상황에서 어떤 입장을 정하는 것이 수권 정당으로서 바람직하냐"는 우상호 더민주 원내대표의 말을 듣는 순간 절망감은 더해진다. 제1야당의 정치적 책무를 포기하는 '회피의 정치'를, 노회한 원로 정치인이 아니라 앞으로 당을 이끌어갈 '젊다면 젊은' 386 출신 차세대 지도자가 주도하고 있기 때문이다. 북진통일론이 난무하고 냉전 논리가 팽배하던 1970년대 초에 대통령 선거에 나선 김대중 후보가 충격적이고 선구적인 4대국 안보론을 들고 나온 모습하고는 너무나도 대조적이다. 그때 40대이던 김 전 대통령에 견줘 지금의 우 대표 등은 너무 나이가 들어 주요 직책에 오른 것인가?

　새로운 정치를 내건 안철수당도 크게 다르지 않다. 박선숙, 김수민, 박준영 의원을 대상으로 검찰이 청구한 구속 영장을 법원이 다시 한 번 기각하면서 일단 한시름을 놓았다고는 하지만, 국민의당의 새정치는 낡은 '돈 정치'에 발목이 잡혀 출발부터 비틀거리고 있다. 아예 존재감이 없는 녹색당이나 노동당 등은 말할 것도 없고 유일한 원내 진보 정당인 정의당도 대중의 희망이 되지 못하고 있다. 정치권은 그렇다고 치자. 이른바 시민사회와 사회운동은 희망을 보여주고 있는가? 그런 것 같지 않다. 노동운동 같은 전통적인 민중운동도, 활발하던 시민운동도 돌파구를 찾지 못하고 있다.

답답한 일이다.

그러나 희망은 우리가 현실을 정확히 인식할 때 가능하다. 민주화 30년을 되돌아보고 새로운 30년을 기획하기 위해 우리 모두 자문해봐야 한다. 우리는 어디서 왔고 무엇이며 어디로 가는 것일까?

《경향신문》 2016년 8월 4일

2부

촛불혁명

대통령의 정치학

김영삼과 김대중. 한국 민주화의 두 거목이다. 그렇지만 사당 정치와 지역 주의를 두 축으로 한 '3김 정치'라는 부정적 유산을 남겼다. 사당 정치에 관련된 것이 친인척과 비선을 중심으로 한 측근 정치다. 측근 정치는 삼엄한 군사 독재의 감시와 공작 정치에 대항하기 위한 자구책으로서 불가피했는지 모른다. 그러나 부작용이 커서 양김이 대통령이 된 뒤 자식들과 측근들이 줄줄이 감옥을 가야 했다.

양김과 함께 사라진 측근 정치가, 양김과 함께 한국 정치에서 영원히 사라진 줄 알고 있던 측근 정치가 다시 쟁점이 되고 있다. 안타까운 일이다. 박근혜 정부 들어 제기된 측근 문제는 '십상시'다. 이 문제가 일단락되면서 사라지는가 싶던 측근 문제가 하루가 멀다 하고 다시 터져 나오고 있다.

잘 알려져 있듯이, 그 중심에는 최순실과 미르재단, 케이스포츠재단이 자리잡고 있다. 청와대와 친박계는 근거 없는 억측이자 정치 공세라고 일축하고 있는 반면 야권은 여권이 관련자들의 증인 채택을 저지해서 특검이 필요해졌다고 목소리를 높이고 있다. 그러나 친박계를 중심으로 한 여당은 관련자들의 증인 채택을 결사적으로 막고 있고 국정감사는 '식물 국정감사'가 되고 있다. 청와대와 여권이 하는 주장대로 모든 의혹이 억측에 불과하다면 의혹을 일축할 수 있는 절호의 기회를 스스로 막고 있으니 답답한 일이다.

그러나 비관할 필요는 없다. 시간은 언제나 진리의 편이기 때문이다. 구체적으로 말하면, 1년 반만 기다리면 된다. 1년 반 뒤면 모든 의혹이 억울한 모함과 억측에 불과한지 아니면 사실인지가 밝혀질 것이다. 미르재단과 케이스포츠재단을 해체하려는 움직임이 보여주듯이 관련 의혹에 대한 은폐 작업이 진행되고 있기는 하다. 그러나 흔적은 남고 꼬리는 밟히게 마련이다. 또한 노태우 정권의 5공 청문회와 김영삼 정부의 전두환과 노태우 사법 처리가 보여주듯이, 설사 여당이 정권 재창출에 성공한다고 하더라도 이 문제를 피해 갈 수는 없을 것이다. 아니 피해 가지 않을 것이다.

안타까운 것은 청와대와 여당이 의혹을 규명할 기회를 봉쇄함으로써 박 대통령을 따라다니는 '불통' 이미지를 더욱 강화시키고 있다는 점이다. 이 문제에 관련해 생각나는 것은 노무현 전 대통령의 인기가 바닥을 치는 반면 그 반작용으로 보수 진영의 대선 예비 후보인 이명박 전 대통령과 박 대통령의 인기가 치솟던 2007년 봄에 필자가 쓴 글이다.

본인들과 지지자들은 싫어하겠지만, 노 전 대통령과 박 대통령은 많은 정치적 차이에도 불구하고 공통점이 있다는 내용이다. 바로 여론에 상관없이 자신이 옳은 일을 위해 순교하고 있다고 생각해 비판에 귀를 막는 순교자주의다.

노 대통령은 평생을 주류에 도전하고 살아온 반주류의 순교자주의자다. 특히 지역주의에 저항해 돈키호테처럼 싸워 '바보 노무현'이라는 아름다운 별명도 얻었다. 그러나 순교자주의가 잘못돼 올바른 여론에 대해서도 '여론은 무시하기로 했고 역사는 내가 옳았음을 평가할 것'이라고 위험하게 나가고 있다. 박 의원 역시 순교자주의자다. 다만 차이는 주류 중에서도 최상류 주류로 살아온 '가득권 수호적', 반공주의 순교자주의라는 점이다. 대한민국이 친북 좌파 때문에 존폐의 위기에 처해 있으며 자신은 대한민국을 구하기 위해 순교하겠다고 믿고 있다.

안타깝게도 박대통령의 순교자주의는 강해지면 강해졌지 변한 것 같지 않다. 불통 뒤에는 국민이 아니라 역사와 대화하고 국민과 여론이 아니라 역사의 평가를 받겠다는 순교자주의가 자리잡고 있다.

1960년대 미국에서 생겨난 학문이 대통령학이다. 과거에 대통령을 평가할 때 주목한 것은 올바른 정책을 만들 수 있는 지적 능력과 리더십 등이었다. 그러나 핵전쟁 시대를 맞아 미국 대통령이라는 자리가 지구를 파멸로 이끌 핵 보복 여부를 불안정한 정보에 기초해 짧은 시간 안에 결정해야 하는 위치가 되면서, 주목하지 않던 대통령의 성격, 정서적 안정성, 성장 과정 등을 연구하게 된 것이다. 이 연구의 선구자는 활동성을 기준으로 적극적이냐 소극적이냐로 나누고, 성격을 기준으로 긍정적이냐 부정적이냐로 나눠 네 가지 대통령 유형을 제시했다. 가장 바람직한 경우는 존 F. 케네디처럼 긍정적이고 적극적인 대통령이다.

문제는 최악의 대통령인데, 부정적이고 소극적인 대통령이 아니라 닉슨처럼 부정적이면서 적극적인 대통령이다. 부정적이되 소극적인 대통령은 최소한 사고는 치지 않는다. 사실 어느 분야건 가장 위험한 지도자는 부지런하고 용감하고 헌신적이면서 '무식한' 지도자, 달리 말해 '잘못된 확신'에 차 있는 지도자다. 쟁점이 되고 있는 측근 문제는 1년 반 뒤에는 규명될 것이다. 오히려 문제는 차기 대통령이다. 대통령학의 시각에서 그동안 주목하지 않던 차기 대통령 지망생들의 면면을 꼼꼼히 살펴봐야 한다.

《경향신문》 2016년 10월 14일

'광화문 항쟁'(11월 촛불혁명)을 생각한다

"누군가 역사적으로 중요한 인물이나 사건은 두 번 반복된다고 쓴 적이 있다. 그러나 그 사람은 다음 같은 말을 덧붙이는 것을 잊어버렸다. 첫 번째는 비극으로, 두 번째는 희극으로 반복된다."

카를 마르크스의 글 중 가장 많이 인용되는 유명한 구절이다. 프랑스 혁명의 공화국 정신을 짓밟고 황제 자리에 오른 나폴레옹이 비극이라면, 이후 혁명과 반혁명의 혼란 속에서 삼촌의 명성 덕으로 권력을 차지한 나폴레옹의 조카 루이 보나파르트는 코미디라고 풍자한 것이다.

그렇다. 근대화라는 이름 아래 민주주의를 짓밟고 영구 집권을 노린 박정희 전 대통령이 비극이라면, 루이 보나파르트처럼 아버지의 명성에 힘입어 대통령에 오른 박근혜 대통령은 희극임이 만천하에 드러나고 있다. 이른바 '21세기 정보기술 강국'이 '무당과 호빠 마담의 나라'였으니 이것보다 더한 코미디가 어디 있는가?

반복되는 것은 '인물'만이 아니다. '사건'도 반복되고 있다. 박정희는 1979년 10월에 일어난 '부마 항쟁'으로 '퇴출'됐다. 물론 박정희는 10월 26일 궁정동 안가에서 여성 가수와 대학생 모델을 끼고 놀다가 최측근인 김재규 중앙정보부장의 총에 맞아 쓰러졌다. 그러나 10·26의 원인인 '온건파'(김재규)와 '강경파'(차지철-박정희)의 갈등을 만들어낸 계기는 부마 항쟁이었다.

구체적으로, 생존권을 지키기 위한 와이에이치YH무역 여공들의 신민당사 점거 투쟁으로 촉발된 김영삼 신민당 총재의 국회의원직 제명에 저항해 부산과 마산의 학생, 시민, 노동자들이 들고일어난 부마 항쟁에 대응하는 방식을 둘러싼 갈등이었다. 박정희의 죽음을 가져온 '직접적 원인'은 '10·26 의거'지만 '궁극적 요인'은 (와이에이치 노동자 항쟁과) 부마 항쟁이었다(이 점에서 원래 대구-경북, 곧 티케이와 부산-경남, 곧 피케이PK는 정치적으로 다르며, 우리의 지역주의가 원래부터 '호남 대 영남'의 대결이었다고 생각하는 일반적인 인식은 잘못된 것이다).

박정희처럼 박근혜도 결국 국민들의 저항에 밀려 몰락하고 있다. 아니 이미 몰락하고 말았다. 박근혜는 유례없이 100만 명의 시민이 모인 '11월 항쟁', '광화문 항쟁'으로 사실상 이미 퇴진당한 것에 다름 아니다. 다만 탄핵이냐 하야냐 2선 퇴진이냐 등 구체적 경로만이 남아 있을 뿐이다. 물론 박근혜는 물러설 의사를 전혀 보이지 않고 있다. 그러나 설사 자리를 지킨다고 하더라도 껍데기뿐인 식물 대통령을 벗어날 수 없을 것이다. 정작 문제는 '포스트 박근혜', 한 연구자의 표현을 빌리자면 '분노 이후'다.

부마 항쟁은 불행하게도, 마르크스의 요약처럼, 비극으로 끝났다. 부마 항쟁을 통해 국민들은 박정희 제거에는 성공했지만 박정희가 사육해놓은 전두환 등 정치 군인들이 12·12 군사 반란으로 군을 장악했다. 부마 항쟁이 열어놓은 서울의 봄은 거리 투쟁에 나선 사회운동과 달리 제도 정치 틀을 고집한 정치권의 우유부단과 양김의 분열에 이어 광주 학살과 학살 정권의 출범이라는 비극으로 막을 내렸다.

만일 마르크스의 정식이 맞는다면, 광화문 항쟁은 그 주인공을 닮아 희극으로 끝나게 돼 있다. 그렇게 되서는 절대 안 된다. 물론 광화문 항쟁은 추미애 더불어민주당 대표의 뜬금없는 박근혜 면담 제안 같은 희극이 전개되고 있기는 하다. 그러나 이번은 박근혜 같은 희극으로 끝나서도, 1979년 부마 항쟁 같은 비극으로 끝나서도 안 된다. 이번 항쟁만은 제대로 된 항쟁으로 발전시켜 해피엔드로, 성공한 '광화문 혁명'으로 만들어야 한다.

그러려면 우리는 무엇을 해야 하는가? 현재 쟁점은 두 가지로 집약된다. (특검과 새 정권 출범 뒤에도 사법 처리 등 이 문제가 다뤄지겠지만) 우선 당장 박근혜를 어떻게 할 것인가가 하나다. 다른 하나는 '포스트 박근혜'를 어떻게 이끌어갈 것인가다.

전자에 대해서는 하야, 탄핵, '질서 있는 퇴진' 등이 제시되고 있다. 이 방안들은 각각 일장일단이 있고, 결국 정치권 내부 다양한 정치 세력 사이의 힘 관계, 나아가 시민사회 안 사회적 힘의 관계에 따라 결정될 것이다. 그러나 현재 박근혜가 물러설 의사가 전혀 없다는 점에서 선택은 탄핵밖에 없는 듯하다.

탄핵은 독재에 대한 가장 확실한 응징이자 두고두고 역사의 교훈이 된다는 장점이 있지만 단점도 많다. 첫째, 노무현 전 대통령 사례가 보여주듯이 역풍 가능성이 상당히 있으며, 둘째, 시간이 너무 걸리고, 셋째, 국회 표결과 사법부 판결에서 통과 가능성이 불확실하다. 그런 이유로 개인적으로 부정적으로는 생각했다. 그런데 대중은 역풍 가능성에 관한 한 최소한 아직까지는 압도적인 촛불의 힘으로 나같이 나약한 먹물의 기우를 쓸고 가버렸다. 게다가 박근혜가 퇴진도, 2선 후퇴도 거부함으로써 탄핵 이외의 다른 선택을 없애버렸다.

여기서 중요한 것이 있다. 제도 정치권의 탄핵 움직임하고는 별개로 광장과 '거리의 정치'에서 벌이는 하야와 퇴진 운동을 접지 말고 지속해야 한다. 정치권의 탄핵 운동과 거리의 퇴진 운동을 병행해야 한다. 이런 광장의 압박만이 탄핵에 필요한 동력을 국회와 정치권이 가질 수 있게 만들어줄 것이며, 보수적인 사법부를 향해서도 강한 압력으로 작용할 것이다.

포스트 박근혜는 어떤가? 박근혜는, 나라야 망가지든 말든 2선 후퇴조차 거부하고 있다. 심지어 계엄령 이야기까지 나온다. 이 효과는 양면적이다. 우선 국정 표류로 나라가 망가질 것이다. 제2의 외환 위기가 올지 모른다는 염려까지 있다. 그러나 다른 한쪽으로는 박근혜와 친박의 버티기 때문에 해방 정국의 농지 개혁, 6월 항쟁의 6·29 선언처럼 '수동 혁명'(위에서 시도하는 '혁명 예방적 개혁')을 통해 지배 세력이 계속 권력을 유지하기는 어려워질 것이다.

결국 국민은 떠나고 친박과 '간신'들, 그리고 5퍼센트의 콘크리트 지지자들만 남은 명목만의 식물 정부, 곧 '근실(근혜-순실) 정부'와 국민을 대표하는 '국민 정부'가 공존하는, 상당 기간의 '이중 권력' 상태가 불가피해 보인다. 따라서 국회가 중심이 돼 빨리 실질적으로 국정을 이끌어갈 대체 내각을 시급히 구성해야 한다. 이 문제에 관련해서는 국회를 중심으로 한 거국 중립 내각이냐 시민사회와 광장도 참여해 선출하는 국민 내각이냐가 대립하고 있다. 바람직한 것은 후자다. 그러나 야권에서도 일부는 여기에 소극적이거나 부정적인 것 같고, 새누리당의 합의를 고려하면 어려울 것 같다. 따라서 양자의 절충적 형태가 될 듯하다.

여기서 중요한 것은 국민 내각이냐 거국 중립 내각이냐 하는 형식도 형식이지만 속도다. 빠른 시간 안에 합의된 대안을 국민들에게 보여주는 것이 필요하다. 특히 박근혜가 국내외적으로 국정을 재개하고 있다는 점을 고려하면 그렇다. 빠른 시간 안에 국회가 야권을 중심으로 긍정적이고 미래 지향적인 대안 내각과 대안 정치를 국민에게 보여주기 위해서는 야당 간의 주도권 싸움, 특히 지금 같은 대권 주자를 중심으로 한 대권 정치, 대권 경쟁을 최소한 국민들 앞에서는 중단해야 한다.

물론 정치란 경쟁이고 정치인에게 경쟁하지 말라는 것은 말이 되지 않는다. 그러나 지금 같은 '혁명적 상황'에서는 다르다. 대권 주자들과 야권은 지금처럼 개별적 언론 플레이로 현 정국을 대권 경쟁에 이용하려는 행태를 중단하고 내부 논의를 거쳐 국민들 앞에 합의된 모습을 보여줘야 한다. 사실 (아직까지는) 야권의 가장 강력한 대권 후보인 문재인 더불어민주당 전 대표와 안철수 국민의당 전 상임대표만 해도 다른 모습을 보여줘야 한다.

지난 대선에서 문재인은 전당대회 야합으로 여론의 지탄을 받은 이해찬과 박지원을 과감하게 내치는 등 '당 혁신'에 나서지 않음으로써, 안철수는 '아름다운 후보 단일화'를 거부하고 일방적인 후보 사퇴를 단행함으로써 질 수 없는 대선을 지게 만들었다. 이 점에서 이 두 사람은 국민들이 현재의 비극을 겪게 만든 '원인 제공자'다. 따라서 지금처럼 힘 겨루기를 할 것이 아니라 광화문광장에 나와 "저희들이 4년 전에 잘못해서 여러분들이 고생하고 계십니다"고 석고대죄해야 한다. 만일 그렇게 하면 두 사람은 앞으로 더 많은 국민의 지지를 받는 더 큰 정치인으로 성장할 것이다.

아니 그런 감동은 주지 못하더라도 최소한 지금 같은 정국에도 계속되고 있는 개인적인 대권 경쟁은 중단해야 한다. 사실 박근혜 처리 문제는 개인적으로 별로 고민하지 않는다. 오히려 고민은 포스트 박근혜, 특히 무능하면서도 탐욕스러운 야권이다. 최근 야권의 대권 주자들이 벌이는 행태를 볼 때마다 머리를 떠나지 않는 것은 1960년 4·19 학생 혁명과 (부마 항쟁이 가져다준) 1980년 봄, 그리고 1987년 6월 항쟁의 비극적 결말이다.

야권 유력 대선 주자들의 얼굴에는 학생들이 흘린 피의 대가로 해 어부지리로 권력을 잡은 뒤 정쟁으로 날을 샌 민주당 구파 윤보선 전 대통령과 신파 장면 전 총리의 얼굴이, 분열로 1980년과 1987년을 말아먹은 김대중과 김영삼의 얼굴이 중첩돼 나타난다. 오죽하면 한 후배 정치학자는 꿈에 해방 정국의 혼란 속에서 '국민의 희망'으로 미화돼 미군기를 타고 와 여의도에 내리는 이승만의 모습이 나타났다고 한다. 그런데 자세히 보니 얼굴이 반기문 유엔 사무총장이었다고 한다. 박근혜의 버티기와 야권의 분열 속에 내년 봄 반기문이 '구세주'로 귀국하는 섬뜩한 꿈이다.

안철수 전 상임대표가 제안해 차기 주요 야권 대선 주자들이 비상시국 정치회의를 열고 박근혜 탄핵 추진 등 합의한 것은 의미 있는 일이다. 특히 야권의 유력 정치인들이 함께 모여 손을 잡음으로써 "이런 시국에도 대선 주자들이 대선 경쟁이나 하고 있느냐"는 대중의 염려를 어느 정도 불식시킨 점은 매우 긍정적이고 박수를 칠 일이다. 그러나 김윤철 교수가 잘 지적했듯이 이런 움직임도 "여론조사 수치에 기대어 대선 주자냐 아니냐를 따지며, 참여 범위의 경계를 나누고 '대선 주자'라는 계급 놀이"를 벌이는 잘못을 저지르고 있다. 이를테면 왜 지지율이 거의 없는 천정배는 들어가고 노회찬은 배제했는가?

그리고 한쪽에서는 야권 대선 주자들이 박근혜 탄핵을 한목소리로 요구하는 것은 "우리가 자리에 앉게 빨리 내려오라"고 압박하는 느낌을 주는 만큼 이 문제는 차라리 세 당의 대표들 사이에 나올 합의에 맡기고 합의문 후반부에 밝힌 단합에 초점을 뒀어야 한다고 지적한다. "촛불 시민에게 감사하며 시민들의 뜻을 받들어 제2공화국(장면 정권)과 1987년 같은 잘못을 반복하지 않겠다"고 약속하는 데 주안점을 뒀어야 한다는 것이다.

하나 더 짚고 넘어간다면 이중 권력 상태에서 대안 정부의 '제2권력'은 대안 내각으로 표상되겠지만 그 뿌리는 광장의 시민에 있다는 사실을 잊지 말아야 한다("모든 권력은 국민으로부터 나온다"). 따라서 대안 내각에 대한 광장의 통제와 직접민주주의적 기제를 극대화해야 한다. 그리고 현재 광장의 퇴진 운동을 주도하고 있는 비상국민행동을 전체 시민을 대표하는 정통성을 지닌 안정적인 민주적 기구로 재편해 장기 투쟁을 준비해야 한다.

김세균 교수는 일반 국민들에게서 대표성을 인정받을 수 있도록 개인 가입과 민주적 선출 원칙에 따라 부문별과 지역별 비상국민위원회를 출범시킨 뒤 이 조직들을 묶어 전국 단위의 비상국민위원회를 출범시켜야 한다고 제안하고 있다. 이런 조직이 과도 정부부터 차기 대선('국민 후보' 선출)까지 국민들의 의사를 집약해 정치권을 압박해야 한다. 사실 우리가 촛불을 내려놓아서는 안 되는 이유가 박근혜의 퇴진을 압박하기 위해서만은 아니다. 어쩌면 더 중요한 이유는 야권이 4·19, 1980년, 1987년 같은 분열과 '뻘짓'을 하는지 감시하고 막는 것이다.

탄핵이 시간이 걸리고 박근혜가 국정을 재개한 만큼 야권과 광장은 조속한 대안 내각 수립을 전제로 투쟁 강도를 한 단계 높여야 한다. 특히 검찰이 박근혜를 피의자로 지목한 만큼 더욱 그렇다. 우선 현 내각을 무력화시키는 한편 전면적인 '불복종 비협조 운동'을 전개해야 한다. 이 문제에 관련해 박근혜에게 모든 통치 행위의 중단을, 외국에 모든 협정의 일시 중지를, 군과 경찰에 정치적 중립을, 공무원에게 박근혜 정책의 집행 거부를 요구하는 공동 선언을 정치권이 발표해야 한다는 이도흠 교수의 제안은 중요하다. 그리고 정치권은 현 내각에 시한을 제시해 사임을 요구하고 이 요구를 따르지 않을 경우 해임 건의안을 올리겠다고 압박한 뒤, 이런 방침을 실천해야 한다.

　모두 과도 체제의 형식과 누가 총리로 적합한지 등 인물에 관심을 쏟고 있다. 그러나 이것에 못지않게 중요한 것, 아니 어쩌면 더 중요하지만 주목받지 못하고 있는 문제는 과도 체제가, 그리고 다음 정부가 해나가야 할 과제들이다. 나는 과도 체제가 어찌되건, 총리가 누가 되건, 광장의 사회운동 세력들이 광화문 항쟁 뒤에 자리잡고 있는 대중들의 분노에 담긴 내용과 과제를 응축해서 과도 체제와 그 뒤 출범할 정부를 압박하는 것이 중요하다고 생각한다. 아니 가능하다면 이런 '대리주의'까지 넘어서 광장에 모인 대중들 스스로 자신들을 거리로 내몬 분노의 내용과 과제를 집약해 과도 체제와 새로 출범할 정부를 압박해야 한다.

　이번 '근실 게이트'에는 세 층위가 중첩돼 있다. 표층에는 '73년 체제'(유신 체제)와 '고조선'(한 대학생은 "우리 사회는 헬조선이 아니라 샤머니즘이 지배하는 '신정 일치의 고조선'이었다"고 표현했다)이 있다. 중간층에는 '87년 (헌정) 체제'가 있다(요즘도 한국 사회를 87년 체제로 보는 사람이 있지만 87년 체제는 1997년 국제통화기금 사태 때 무너져 신자유주의가 지배하는 97년 체제로 변화했고, 87년 체제 중 남아 있는 것은 87년 헌법에 기초한 헌정 체제다). 마지막으로 가장 깊은 심층에는 1 대 99의 양극화를 특징으로 하는 '97년 체제'(신자유주의 체제)가 자리잡고 있다.

우선 표층 수준이다. 유신 체제와 고조선 체제가 결합한 근실 게이트를 대상으로 특검이 실시되겠지만 특검에서 다루지 못한 여러 분야의 국정 농단과 탄압 등에 관한 조사와 개혁도 진행돼야 한다. 아니 특검의 조사 내용에 특정하지 않은 분야에 대한 조사가 포함돼 있는 만큼 관련된 조사를 특검에 요구해야 한다. 시간 등 여러 이유로 이런 요구가 관철되지 않는 경우에 별도의 조사와 개혁 조치들이 실행돼야 한다.

그중 생각나는 조치를 몇 가지만 열거하고자 한다. 정유라의 이화여자대학교 부정 입학에 관련해 교육부는 이대와 정유라의 지도교수 등에게 주어진 각종 사업과 연구 과제를 제대로 조사하지 않았다. 따라서 교육부와 한국연구재단을 대상으로 정유라 관련 사업과 영남대학교 새마을운동 지원 사업 등 '근실 사업'에 관한 조사를 해야 한다. 국정 교과서 '복면 집필자'를 포함해 국정 교과서 제작 과정을 조사해야 한다.

이미 밝혀진 예술계 블랙리스트를 비롯해 학계 등 각 분야 블랙리스트의 존재와 작성 과정, 공영 방송 파괴 과정을 조사해야 한다. 검찰 사유화 과정을 조사하고 국민이 검찰을 통제할 기제를 확실하게 만들어야 한다. 성과급제 등 근실 정부의 노동 개악을 즉각 중단시켜야 한다. 근실과 재벌의 유착을 파헤쳐야 한다. 한상균 민주노총 위원장 등 박근혜 정부가 부당하게 감옥에 가둔 노동운동가와 양심수들의 석방을 관철시켜야 한다,

다음은 중간층으로 87년 헌정 체제다. 이번 사태의 이면에는 분명히 제왕적 대통령제와 승자 독식적 정치 체제가 자리잡고 있다. 따라서 이 문제에 대한 고민이 필요하다. 이 문제는 개헌이라는 뜨거운 감자에 직면하게

된다. 물론 개헌 문제로 현 국면의 초점을 흐려서는 안 된다. 나아가 평소 다음 같은 이유로 나는 개인적으로 개헌에 부정적인 생각이 강했다.

첫째, 우리의 문제는 헌법 자체에서 연유하는 것이 결코 아니라 구체적인 정치 행태 때문이다. 둘째, 5년 대통령 단임제는 문제지만 '원샷 개헌'은 불가능하고, 판도라의 상자를 열면 전면적 개헌이 불가피하다. 셋째, 헌법은 결국 제정 당시 사회 세력 간의 힘 관계를 반영한 것인데 지금 개헌을 할 경우 전문에 규정된 임시정부 법통 삭제 등 개악으로 갈 것이 뻔하다.

그러나 이제 이 문제를 피할 수 없다. 우리의 현실이, 그리고 광장의 촛불이 단순한 근실 게이트의 청산을 넘어서 '민주, 평등, 연대에 기초한 새로운 공화국'에 대해 고민하고 구상하게 만들고 있기 때문이다. 현재의 광장을 일종의 '제헌 의회'로 발전시켜야 한다. 또한 근실이 덕분에 사회적 힘의 관계까지 역전돼 현재보다 전향적인 헌법으로 개정할 수 있게 됐다. 따라서 개헌이 아니라 '새로운 공화국의 구성'이라는 시각에서 기본권부터 정부 형태 등까지 고민하고 논의해야 한다.

방향은 우선 세 가지가 떠오른다. 소수자 권리 등 1987년 이후의 변화를 감안한 기본권의 개정과 강화다. 둘째, 내각제, 지방정부에 권력을 대폭 양도하는 남한 연방제 등 권력 집중을 개선할 수 있는 정부 형태에 관한 고민이다. 셋째, 어쩌면 둘째보다 더 중요한 문제일 수도 있는데, 표의 등가성을 파괴하고 사실상의 보수 독점 정치를 영속화시키는 선거 제도를 비례대표를 강화하고 독일식 연동제로 개혁하는 것이다.

헌법재판소는 인구 차이 때문에 농촌 지역의 표가 도시 지역보다 두 배 이상으로 취급되는 것은 위헌이라고 판결했다. 그러나 불합리한 선거 제도 때문에 아직도 보수표 1표가 진보표 4표로 취급되고 있다. 이 문제를 시정하기 위해 선거관리위원회는 독일식 연동제 도입과 비례대표 확대를 주장했다(여당도 이 안에 관심을 보였지만 청와대의 반대로 태도를 바꾼 것으로 알려지고 있는데, 여기에도 최순실이 개입했는지 조사할 필요가 있다). 그러나 거대 보수 정당들은 올 총선에서 야합해 비례대표를 오히려 축소했다. 따라서 정부 형태 개혁을 선거 제도 개혁에 연계시켜야 한다.

마지막으로 97년 체제다. 1997년 시장 만능의 신자유주의 프로그램이 전면화되면서 우리 사회는 무한 경쟁과 1 대 99의 양극화 사회로 변화했다. 이런 변화의 극단적 표현이 '헬조선'이다. 광장의 촛불을 통해 광장의 시민들은 대통령의 국정 농단과 최순실의 작태에 대한 분노(유신, 고조선 체제와 87년 헌정 체제에 대한 분노)를 표출하고 있지만, 그 심층에는 좀 더 근본적인 분노가 자리잡고 있다. 바로 신자유주의 헬조선, 흙수저 세습 신분제를 향한 분노다.

이번 항쟁의 최고의 수훈감은 박근혜도, 최순실도 아니고 정유라다. "돈 많은 부모 만나는 것도 실력"이라는, 사회관계망서비스에 정유라가 올린 한마디가 헬조선의 현실하고 결합해 시민들, 특히 청소년들을 폭발시키고 만 것이다. '박근혜 이후 살고 싶은 사회'라는 벽보에 붙인 포스트잇에서 유독 눈길을 끄는 말이 있다. '열심히 일하는 부모님이 돈 없다는 이유로 자식에게 부끄러워하지 않아도 되는 사회'였다. 이런 점에서 이번 항쟁은 신자유주의의 희생자들이 동력이 된 '트럼프 혁명', 정확히 표현해 '트럼프 반혁명'의 한국적 표현이라고 할 수 있다. 아니 아직 꺼지지 않았지만 일단은 좌초한 '샌더스 혁명'의 한국적 표현이라고 볼 수 있다(버니 샌더스와 도널드 트럼프는 신자유주의 희생자들의 두 출구다).

답답한 것은 우리는 광장에 쏟아져 나온 99퍼센트의 분노를 묶어 정치적 동력으로 만들 수 있는 샌더스 같은 지도자가 보이지 않는다는 점이다. 아니 그 정도가 아니라 야권을 대표하는 더민주와 국민의당은 기본적으로 김대중 정부와 노무현 정부를 계승하는바, 이 문제에 관한 한 (1997년 경제 위기 상황에 집권한 사정이 있다고는 하지만) 신자유주의의 전면화를 주도한 사실상의 당사자다. 정리해고와 파견근로제를 전면화한 것도, 한-미 FTA를 추진하고 쌍용차를 해외 매각한 것도 이 두 정부다.

과거는 과거다. 문제는 이런 문제에 대해 이 당들이 아직까지 진솔한 반성이나 사과를 하지 않고 있으며 신자유주의 정책과 결별한 것 같지도 않다는 점이다. 사실 문재인의 경우 미르재단과 케이스포츠재단으로 온 나라가 난리 나고 모금에 앞장선 전국경제인연합회(전경련)을 해체하라는 여론이 들끓고 있는데도 버젓이 재벌 산하 경제연구소 소장들을 만났다. 한마디로 설사 박근혜를 몰아내고 야당이 집권해도 청소년들을 광장으로 내몰고 있는 헬조선이 별로 바뀔 것 같지는 않다. 따라서 우리는 대안적 정책들을 만들어 과도 정부와 차기 정부를 압박해야 한다. 나아가 광장의 분노를 정치적으로 묶어낼 수 있는 정치적 프로젝트를 기획해야 한다.

이명박 정부 초기인 2008년에 광우병 문제로 촛불이 뜨겁게 타올랐다. 몇몇 학자들은 "세계 민주주의 사상 유례없는 새로운 시민운동의 전형"이라고 극찬을 아끼지 않았다. 그런 와중에 한 진보 언론이 내게 현장에 가보고 르포를 써달라고 부탁했다. 원고를 보낸 뒤에 기사가 계속 나오지 않아 물어보니 내 글에 문제가 있어 게재를 보류하고 있었다. 촛불을 찬양하는 '선동적' 글을 기대했는데 너무 '성찰적'인 글을 써준 것이 문제였다. 우여곡절 끝에 결국 실리기는 했지만, 요즈음 광화문 항쟁을 보면서 자꾸 그 글이 생각난다.

광우병 촛불은 역사적 사건이다. 과거의 운동권 중심의 근엄주의를 넘어서 유모차를 끄는 엄마들이 참여하는 축제 분위기의 '즐거운 혁명'이라는 새로운 문화를 가져온 것, 주요 사회운동 단체장들이 단상을 차지하는 낡은 단상 권력을 해체하고 모두가 단상에 오를 수 있는 '단상 혁명'을 이룬 것 등은 특히 그러하다. 그러나 지나친 낙관론은 금물이다. 촛불이 '정치적으로 주체화'되지 않는다면 결국 일회성 촛불로 끝나고 말 것이다. 촛불은 계속될 수 없다. 사실 광우병 촛불이 처음이 아니라는 점을 주목해야 한다. 2002년 대선 때 미군 장갑차에 치어 죽은 효순 미선 촛불 시위가 있었다. 2004년 노무현 대통령 탄핵에 분노한 촛불이 있었다. 그러나 이 촛불들은 정치적 주체화되지 못했고 시간이 지나자 꺼졌다. 그리고 2007년 대선에서 이명박이 승리했다.

불행하게도 내가 쓴 글이 맞았다. 광우병 촛불은 오래지 않아 꺼졌다. 얼마 뒤 용산 참사가 일어났지만 촛불은 나타나지 않았다. 그리고 이어진 대선에서 박근혜가 승리했다. 현재의 상황도 크게 다르지 않다. 물론 광우병 집회보다 촛불은 더욱 진화하고 발전했다. 중고생들까지 촛불에 가담했고 집단 지성은 현기증이 날 정도로 더 성숙했다.

대중은, 시민은 위대하다. 그러나 촛불은, 역사의 '광기의 순간'은 지속될 수 없다. 따라서 정치적 주체화가 시급하다. 그렇지만 안타깝게도 더불어민주당과 국민의당 같은 자유주의적 야당들도, 정의당 같은 진보 정당들도 그 분노와 열기를 담아내기에는 부족하다. 그렇다고 촛불을 정치적 주체화시킬 수 있는 새로운 정치 세력이, 새로운 진보적 프로젝트가 보이는 것도 아니다. 답답한 일이다.

광화문 항쟁은 마르크스의 정식대로 희극으로 끝나서도, 부마 항쟁, 4·19 학생 혁명, 6월 항쟁 같은 비극으로 끝나서도 안 된다. 광화문 항쟁, 11월 항쟁을 성공적으로 이끌어 '광화문 혁명', '11월 혁명'으로 만들어야 한다. 중요한 것은 정치권, 특히 야권이다. 김진태 새누리당 의원은 바람이 불면 꺼진다고 촛불을 폄하했다. 그러나 4·19와 1980년 봄, 그리고 1987년 6월 항쟁이 보여주듯이 촛불을 꺼뜨리는 것은 바람이 아니라 야권의 뻘짓이다.

이런 뻘짓을 막기 위해서라도 우리는 촛불을 내려놓을 수 없다. 촛불이여 영원하라!

《프레시안》 2016년 11월 21일

＊후기＊

이번 촛불 시위가 시작될 때, 나는 이 투쟁을 박정희를 몰아낸 부마 항쟁에 대비시켜 광화문 항쟁이라고 불렀다. 그러나 이번 항쟁은 지역을 넘어서 전국적 항쟁으로 발전한데다가 단순한 항쟁을 넘어섰다고 판단해, 그 뒤 '(11월) 촛불혁명'이라고 고쳐 부르게 됐다.

대의민주주의는 죽었는가

"국민들이 선거 날만 주인이 되고 투표가 끝나면 다시 노예로 돌아가는 제도". 사회계약론으로 유명한 18세기의 철학자 장 자크 루소는 현대 정치, 현대 민주주의를 대표하는 대의민주주의를 이렇게 비판했다. 최근 온 나라를 뜨겁게 달구고 있는 '근실(근혜-순실)게이트'와 촛불을 바라보면서, 정치학자로서 가장 자주 떠오르는 것이 이 비판이다.

그렇다. 2012년 12월 19일 우리는 주권자로서 한 표를 던졌다. 그러나 그 뒤 지난 4년 남짓한 기간 동안, 다른 후보를 찍은 사람들은 말할 것도 없고 박근혜를 찍은 사람들까지, 온 국민은 박근혜의, 아니 최순실의 '노예'에 불과했다는 사실이 만천하에 드러나고 있다.

어디 그뿐인가? 국회는 어떤가? 보수 야당들도 분노의 촛불이 광화문에 넘쳐나기 전까지는 기껏해야 '질서 있는 퇴진', '명예로운 퇴진'을 주장하며 몸조심하기에 바빴다. 아니 박근혜의 지지율이 4퍼센트로 떨어지고 국민의 80퍼센트가 탄핵을 지지하고 있는데도 새누리당 친박계는 아직도 탄핵에 반대하고 있다. 이정현 의원과 김진태 의원을 뽑은 순천과 춘천 시민들이 지금처럼 박근혜 사수대 노릇이나 하라고 이 사람들을 국회에 보낸 것인가? 비박계 역시 오락가락하다가 지난 주말 촛불에 놀라 뒤늦게 탄핵 합류를 선언했지만, 언제 다시 마음이 변할지 모르는 만큼 탄핵의 결과는 불확실하다. 한국의 대의민주주의는 중병에 걸려 있으며, 만일 탄핵안이 부결된다면 사망 선고를 받는 것에 다름 아니다.

인구가 증가하고 사회가 복잡해지면서 우리는 대의민주주의를 어쩔 수 없는 '현대 정치의 유일한 대안'으로 간주해왔다. 그러다가 최근 들어 문학에서 '재현representation' 논쟁이 불붙고 인터넷 발달 등으로 직접민주주의의 가능성이 커지면서 대의민주주의에 대한 비판적 재평가가 간헐적으로 진행됐다. 재현이란 어떤 사물을 다시 형상화하는 것인데, 재현이 대상을 그대로 표현할 수 없듯이 '대의'도 불가피하게 민의의 왜곡을 가져올 수밖에 없다는 비판이다. 그러나 근실 게이트는 이런 부분적 재평가를 넘어서 대의민주주의를 근본적으로 다시 생각해보게 만들고 있다.

물론 이번 촛불 항쟁의 밑바닥에는 단순한 권력 남용을 넘어서 헬조선과 흙수저의 신분세습제를 향한 분노가 자리잡고 있다. 이런 분노가 "돈 많은 부모를 만나는 것도 실력"이라는 정유라의 조롱에 맞물려 폭발한 것이다. 그러나 논의를 정치 문제로 국한시킨다 하더라도, 우리의 문제는 단순히 박근혜를 몰아낸다고, 그 근원으로 지목되고 있는 '87년 헌정 체제'(제왕적 대통령제)를 타파한다고 해결되지 않는다. 설사 내각제로 정부 형태를 바꾼다고 하더라도 탄핵 과정이 잘 보여주듯이 '국민을 대표하지 않는 대통령의 독재'를 '국민을 대표하지 않는 국회의 독재'로 바꾸어놓을 따름이다. 다시 말해 이번 문제의 핵심에는 루소가 고발한 대의민주주의의 근본적인 문제점이 자리잡고 있다.

촛불을, 광장을 주목해야 하는 진정한 이유는 바로 여기에 있다. 촛불을, 광장을 주목해야 하는 진정한 이유는 단순히 박근혜를 몰아낼, 아니 이미 몰아낸 힘이 거기서 나왔기 때문만이 아니다. 대의민주주의를 넘어서는 새로운 계기와 가능성들을 제공하고 있기 때문이다. 박근혜 이후에 우리가 만들어야 하는 '새로운 공화국'의 단초를 그 속에서 발견할 수 있다.

광장은 근실 게이트와 정치권의 무기력한 눈치 보기에 분노한 전국 1500개 시민사회단체들이 아래에서 출발해 퇴진 운동 조직을 만들면서 시작됐다. 그러나 광장을 메우고 있는 것은 일반 시민이다. 구체적으로 1500개 조직의 조직화된 참여자는 20만 명 수준으로 90퍼센트는 일반 시민이라는 것이 실무진의 관찰이다. 직접민주주의가 폭발한 것이다. '운동 내의 직접민주주의적 계기'들도 주목해야 한다. 주요 단체의 대표들이 단상에 포진하고 의례적으로 발언을 과점하는 '운동 내의 대의제'가 약화되고 참가자들이 자유롭게 발언권을 갖는 직접민주주의가 강화되고 있다. 일부 운동권의 돌출적 행동에 대해서도 대중들이 비판하고 규율하고 있다.

탄핵 결과에 상관없이 이제 민선 공직자 소환제 강화 등 대의민주주의를 근본적으로 수술하고 직접민주주의적 기제들을 극대화해야 한다. 대의민주주의는 죽었는가?

《경향신문》 2016년 12월 6일

'박근혜 없는 박근혜 체제'

"누군가 역사적으로 중요한 인물이나 사건은 두 번 반복된다고 쓴 적이 있다. 그러나 그 사람은 다음 같은 말을 덧붙이는 것을 잊어버렸다. 첫 번째는 비극으로, 두 번째는 희극으로 반복된다." 카를 마르크스의 글 중 가장 많이 인용되는 유명한 구절이다. 민주 공화국이라는 프랑스 혁명의 정신을 짓밟고 황제에 오른 나폴레옹이 비극이라면, 혁명과 반혁명의 혼란 속에서 삼촌의 명성 덕으로 권력을 차지한 나폴레옹의 조카 루이 보나파르트는 코미디라고 풍자한 것이다. 근대화라는 이름 아래 민주주의를 짓밟고 영구 집권을 노린 박정희가 비극이라면 루이 보나파르트처럼 혈육의 명성을 팔아 대통령에 오른 박근혜는 희극임이 만천하에 드러났다. '인물'만이 아니라 '사건'도 반복되고 있다. 박정희는 1979년 10월 와이에이치무 역 노동자 항쟁과 부마 항쟁으로 퇴출됐다. 물론 직접적인 계기는 최측근인 김재규 전 중앙정보부장의 저격이었지만, 그런 저격을 촉발시킨 원인은 이 항쟁들이었다. 박근혜도 헌재 판결이 남아 있다고는 하지만 지금도 진행중인 위대한 '광화문 항쟁'으로 이미 퇴진당한 것에 다름 아니다.

　박근혜 퇴진을 위한 촛불혁명이 시작된 초기에 쓴 글 도입부에서 한 이야기다(〈'광화문 항쟁'을 생각한다〉, 《프레시안》 2016년 11월 21일, 이 책 169쪽 참조). 그 글을 쓴 뒤 촛불은 더욱 활활 타올라 참가자 수가 1000만 명을 넘어섰고, 그 힘으로 국회를 움직여 박근혜를 탄핵했다. 나아가 촛불은 단순히 박근혜 퇴진을 넘어서 한국 사회의 근본적 변화를 추구하고 있다는 점에서 단순한 항쟁을 넘어 촛불혁명, 시민혁명으로 발전했다(나아가 이번 항쟁이 전국적 항쟁이라는 점에서 '11월 시민혁명'이 더 적합한 표현인 것 같다).

　그러나 박근혜 이후 나타난 황교안 대행 체제를 바라보면서 박정희와 박근혜가 비슷한 것이 또 있다는 사실을 느끼게 된다. 바로 10월 26일 박정희 사망 이후와 12월 9일 박근혜 탄핵 이후의 상황이다. 1979년 김재규의 영웅적인 거사에도 불구하고 전두환이 김재규를 체포하고 12·12 쿠데타를 일으키면서 우리 사회는 김재규가 꿈꾸던 모습하고 다르게 계속 최소한의 자유마저 억압당하는 '박정희 없는 박정희 체제', '박정희 없는 유신 체제'를 경험해야 했다. 전두환은 이 '박정희 없는 박정희 체제'를 끝장내려는 학생과 시민의 저항을 5·18 학살을 통해 무참하게 짓밟고 대통령 자리에 올랐다.

　그렇다면 지금의 상황은 어떤가? 국회가 압도적으로 박근혜 탄핵을 가결하고 국민의 70퍼센트 이상이 헌재 판결 이전의 박근혜 퇴진을 요구하는데도, 박근혜의 수족들이 권력의 핵심 자리에 그대로 앉아 박근혜표 정책(최순실 정책일 가능성을 배제할 수 없는)을 계속 국민들에게 강제하는

'박근혜 없는 박근혜 체제'가 자리잡고 있다는 의심을 떨칠 수 없다.

그 핵심에는 탄핵당한 박근혜가 간택해(최순실이 간택했을 가능성이 없지 않은) 많은 결격 사유에도 불구하고 임명된 황교안 권한 대행이 자리잡고 있다. 뉴라이트전국연합 상임대표를 거쳐 이명박 정부에서 법제처장을 지낸 보수 성향 헌법 전문가인 이석연 변호사가 최근 한 언론 인터뷰에서 잘 정리했듯이 황 대행의 권한은 최소한의 국가 기능을 유지하는 데 있고 긴급한 현안은 국회를 상대로 협의해 추진해야 한다. 다시 말해 박근혜 정부의 정책 기조는 탄핵으로 무너졌으므로 이 흐름을 계속 유지하고 추진하는 것은 잘못된 일이다.

1500개 단체의 대표체로 이번 투쟁에 핵심적 구실을 해온 '박근혜정권 퇴진 비상국민행동'은 최근 오랜 논쟁 끝에 적폐 청산 6대 긴급 과제를 선정했는데, 바로 세월호, 백남기 특검, 국정 교과서, 언론 장악, 성과퇴출제, 고고도 미사일방어 체계(사드) 배치다. 이 중 국정 교과서, 성과퇴출제, 사드 배치는 당장 중단해야 하는 긴급 현안이라고 퇴진행동은 밝혔다.

그러나 황 대행은 과잉 의전과 인사권 행사 등으로 '대통령 코스프레'를 한다는 비판을 받고 있을 뿐 아니라 사드의 한반도 배치와 한-일 위안부 합의, 국정 교과서 등 야당과 시민사회가 반대해온 박근혜 정책들을 계속 추진하고 있다. 이런 모습은 특히 노무현 전 대통령 탄핵 때 대통령 권한 대행으로서 최소한의 관리 기능만 유지하며 조심스러운 행보를 보인 고건 전 총리에 크게 대조된다. 황 대행은 사드를 비롯해 "상대방이 있는 외교 사안에 대해 하루아침에 바꾸라고 말하는 것은 말이 되지 않는다"며 정책 불변 원칙을 고수하고 있다.

국정 교과서 문제는 시행을 1년 유보하기로 했지만 불씨는 살아 있다.

국정 교과서는 압도적인 여론의 반대 속에 최순실 사건이 터지면서 철회하는 방향으로 움직이고 있었다. 그러나 황교안이 권한대행에 오른 뒤 그런 기조가 오히려 후퇴하고 있다. 황교안은 권한대행이 된 뒤에도 국회에서 현행 "역사 교과서가 많이 왜곡돼 있고 편파성이 있기 때문"에 국정 교과서가 필요하다는 박근혜식 주장을 반복했다. 최종적으로 나온 정책은 철회가 아니라 1년 유보였다. 게다가 올해 몇몇 학교를 연구학교로 지정해 실험 실시를 할 예정인데 해당 학교에 엄청난 평점과 재정 지원이라는 특혜를 주겠다고 밝히고 있다. 대부분의 교육청이 이런 조치에 반대하고 나서는 등 갈등은 계속되고 있다.

민주화를 위한 전국교수협의회 등 교수와 연구자 단체들로 구성된 교수연구자비상시국회의는 일찍이 황교안이 "박근혜, 최순실 일파가 국정을 마음껏 농락하던 시기에 법무부 장관과 국무총리라는 막중한 지위에 있으면서 헌정 파괴를 방조하고 국정 농단을 옹호해온 공범"이기 때문에 즉각 퇴진해야 한다고 주장했다. 1월 2일에도 박근혜퇴진 5대종단 운동본부는 기자회견을 통해 "황교안은 삼성 엑스 파일 수사에서의 재벌 봐주기, 희귀병을 악용한 병역 면제, 법무부 장관 시절 국정원 대선 개입 수사와 세월호 수사 방해, 변호사 시절 전관예우 등 적폐의 생산자이자 수혜자였다"며 "야 3당은 새로운 총리를 국회에 추천해 황교안에 제시하고 최순실 국정 농단의 수혜자이자 비호자인 황교안은 야 3당 추천 총리를 받아들여 퇴진할 것"을 요구했다.

사실 탄핵 이후 황교안이 대통령 권한대행에 오르고 '박근혜 없는 박근혜 체제'가 자리잡게 된 데에는 야당의 책임이 크다. 야권은 탄핵이 가결될 경우 황교안 대행 체제가 등장할 것이라는 점을 잘 알면서도 전혀 대안을 준비하지 않는 역사적 죄를 저질렀다. 더불어민주당과 국민의당이 정국 주도권을 놓고 싸우면서 상대 당이 추천하는 총리가 실권을 행사하느니 아예 황교안 체제가 낫다는 정파적 판단에 기초해 대안적인 총리를 제시하지 않고 방기했기 때문이다.

이제 와서 야권이 시민사회단체들과 광장의 요구를 받아들여 황교안의 퇴진을 추진하는 것은 국정 공백 등을 고려할 때 쉽지 않을 것이다. 그러나 최소한 국회, 특히 야당은 황교안을 향해 필수적인 국가 기능 유지 말고는 사드 배치, 국정 교과서, 성과퇴출제 같은 박근혜 정책들을 즉각 중단하라고 요구해야 한다. 그리고 이런 요구를 받아들이지 않고 박근혜 정책을 계속 고집할 경우 황교안도 직권 남용으로 탄핵해야 한다.

박근혜 없는 박근혜 체제는 끝내야 한다. 국민들의 바람은 단순히 박근혜 개인의 퇴진이 아니다. 국민들이 바라는 것은 탄핵된 박근혜가 임명한 박근혜의 수족인 황교안을 통해 박근혜 정책이 지속되는 '박근혜 없는 박근혜 체제'가 아니다. 10·26에도 불구하고 전두환 같은 정치 군인들이 강제한 '박정희 없는 박정희 체제'라는 비극에 이어서 반복되고 있는 '박근혜 없는 박근혜 체제'라는 희극은 이제 끝내야 한다.

《프레시안》 2017년 1월 3일

결국 문제는 정치다

정치란 무엇인가? 대학 신입생 때 '정치학개론' 시험 문제였다. 데모하느라고 결석을 밥먹듯이 해 수업 내용 대신 상식에 기대어 '만백성을 잘 먹고 잘살게 하는 것'이라고 써서 낙제점을 받았다. 그 뒤 정치학 박사가 되고 30년 정치학을 가르치면서 같은 질문을 받으면 나는 '갈등 조정의 제도화'라고 답한다. 다양한 사회적 갈등을 국회 같은 제도의 틀 안에서 조정하는 일이 바로 정치라는 이야기다. 촛불혁명을 바라보면서 이 정의를 다시 생각하게 된다.

엉뚱하게 들릴지 모르지만, 우리의 최고 경쟁력은 민주화운동, 사회운동이다. 외국 학자들을 만나면 하나같이 골리앗 투쟁, 촛불, 희망버스 등 우리 운동을 너무 부러워한다. 그러면 나는 "이 운동들이 자랑거리가 아닐 날이 오기를 바란다"고 답한다. 그렇다. 치열한 거리 투쟁과 거리의 정치가 일상화된 것은 정치가 제도 안의 갈등 조정이라는 제 기능을 못하고 있기 때문이다. '정치의 실패', '정치의 직무 유기'의 결과가 바로 '거리의 정치'고 광장이다. 정치가 원래 해야 하는 제 기능을 제대로 수행해 우리의 자랑거리인 거리의 정치가 사라지는 날은 언제나 오려는가?

이번 촛불혁명의 밑바닥에는 민의에 동떨어진 정치, 나아가 '헬조선'을 향한 분노가 깔려 있다. 단순히 박근혜 퇴진을 넘어 '11월 촛불혁명'을 완성시키기 위해 반드시 달성해야 하는 필요조건은 제 기능을 못하고 있는 정치의 발본적 개혁이다.

일부는 제왕적 대통령제 폐기 등 개헌을 주장하고 있지만, 더 시급하고 중요한 것은 민심을 제대로 대표하지 못하는 비민주적 선거 제도의 개혁이다. 다행히 광장의 힘, 그리고 새누리당의 분당으로 생겨난 1여 4야의 5당 체제는 이 목표를 성취할 수 있는 사실상 유일무이의 기회다.

공직선거법을 고쳐 이번 대선부터 결선투표제를 도입해야 한다. 현 제도는 30퍼센트대 지지율의 '소수파 대통령'을 양산했다. 이런 대통령은 대표성과 정통성에서 문제가 많다. 이제 결선투표제를 거쳐 과반수의 지지를 받는 '다수파 대통령'이 나라를 이끌어야 한다. 여론조사에서 우위를 보이는 야권 대권 주자가 여기에 부정적 또는 소극적이라고 알려져 있다. 국민 과반수의 지지를 얻을 자신이 없다면 대통령 자격도 없다.

민의, 즉 득표율에 비례해 의석수를 배분하는 독일식 연동형 비례대표제를 도입해야 한다. 그래야 거대 보수 지역 정당들의 담합 체제를 깨고 다양한 사회 세력들이 제도 정치로 나아가 거리가 아닌 제도 안에서 갈등을 조정할 수 있다. 그것이 정치의 실패를 극복하는 첩경이다.

헌법재판소는 인구 차이에 따라 표의 가치 차이가 3배 이상 나는 것은 위헌이라고 판정했다. 그러나 거대 정당들에 던지는 표는 군소 진보 정당에 투표하는 표의 4배로 계산되고 있다. 이 문제를 교정하기 위해 중앙선 거관리위원회는 비례대표의 확대와 연동제 도입을 제안했지만 새누리당 과 더불어민주당은 야합해 작년 총선에서 오히려 비례대표를 축소했다. 한쪽에서는 중대선거구제를 주장하고 있다. 그러나 일본이 보여주듯이 이 제도는 돈이 많이 들고 정치 신인의 진입을 막는 등 문제가 너무 많다.

경제협력개발기구ᴼᴱᶜᴰ 국가 중 유일하게 19세인 투표 연령도 글로벌 스탠더드인 18세로 낮춰야 한다. 이번 촛불의 중심 세력 중 하나인 중고등학 생들은 자유 발언 등을 통해 놀라운 정치의식을 보여줬다. 따라서 중고생 들에게 투표권을 주지 않는 것은 말이 되지 않는다. 새누리당에서 분당한 바른정당이 여기에 반대하는 것은 새 당이 여전히 수구 정당이라는 점을 보여준다.

우상호 더불어민주당 원내대표의 경고대로 여기에 반대하는 정당은 촛 불 민심 역행 정당이다. 그러나 기이한 것은 우 원내대표가 막상 이것에 못 지않게 중요하고 투표권 연령 인하와 함께 참여연대 등 시민사회단체들이 도입을 주장하는 결선투표제와 독일식 연동제에는 침묵한 점이다. 잊지 말아야 한다. 결선투표제와 독일식 연동제에 반대하는 정당 역시 촛불 민 심 역행 정당이라는 점을.

"멍청하기는, 문제는 경제야!" 잘 알려져 있듯이 1992년 미국 대선에서 40대 무명의 아칸소 주지사 빌 클린턴이 들고나와 이라크 전쟁 승리로 기 고만장하던 조지 부시 대통령을 패배시킨 유명한 구호다. 그러나 이 구호 는 반쪽 진실만을 담고 있다. 정답은 "멍청하기는, 문제는 정치야!"다. 문제 가 경제라 하더라도 바른 경제 정책을 선택해 펼 수 있는 올바른 정치가 없 으면 모든 것이 무용지물이기 때문이다.

결국 문제는 정치다. 박근혜 게이트도 다 정치가 잘못됐기 때문이며, 정치 개혁, 선거 개혁 없이는 박근혜 청산, 헬조선 청산도 없다.

《경향신문》 2017년 1월 10일

탄핵 이후, 무엇을 할 것인가

시민은, 국민은, 대중은 위대했다. 1500만 촛불은 주저하던 국회를 압박해 탄핵안을 관철시켰고, 결국 박근혜 탄핵을 이끌어냈다. 헬조선이라는 이 땅에도 정의가, 법이 살아 있다는 것을 보여줬다. 그러나 탄핵은 시작에 불과하고, 문제는 지금부터다.

박근혜 게이트와 촛불혁명은 최순실의 국정 농단을 넘어서 여러 문제가 관계돼 있다. 표면에는 블랙리스트부터 정경유착에 이르는 박정희 체제가, 중간 수준에는 제왕적 대통령제라는 87년 헌정 체제가, 깊은 곳에는 정유라의 표현대로 "돈 많은 부모 만난 것도 실력"인 헬조선이 자리잡고 있다. 다시 말해 1997년 국제통화기금 사태 뒤 시장 만능의 신자유주의 때문에 생겨난 헬조선과 흙수저를 향한 대중의 분노가 자리잡고 있다. 따라서 박근혜 게이트와 촛불혁명은 해방 70년과 민주화 30년, 신자유주의 20년을 비판적으로 돌아보게 한다. 나아가 박정희 신화와 87년 체제, 그리고 97년 체제를 넘어설 수 있는 새로운 공화국, 곧 2017년 체제를 구상하게 한다.

새로운 공화국은 최근 필자가 낸《촛불혁명과 2017년 체제》에서 지적했듯이 세 방향으로 만들어져야 한다. 첫째, 박정희 체제의 해체다. 흔히 적폐 청산이라 부르는 것으로, 잘못된 반민주적 정책과 인물들을 청산해야한다. 그러나 이 문제는 국민통합이라는 새로운 과제를 우리에게 던져주고 있다. 사실《중앙일보》에 실린 한 칼럼이 잘 지적했듯이 박근혜와 측근들의 가장 큰 죄는 탄핵이 보수나 진보에 전혀 상관없는 범법 행위와 부패 문제인데도 자신이 살기 위해 '보수 대통령을 몰아내려는 빨갱이들의 음모'로 몰아가 나라를 갈기갈기 찢어놓은 것이다. 따라서 적폐 청산이라는 시대적 과제를 고령 세대 등 탄핵에 반대하는 17~20퍼센트를 끌어안는 국민통합의 과제와 조화시켜야 하는 어려운 숙제를 안고 있다. 중요한 것은 자유한국당 등 보수 정치인과 보수 여론 지도층이다. 자신의 영향력을 유지하기 위해 궤변으로 탄핵 반대 세력을 선동해서는 안 된다.

둘째, 87년 헌정 체제를 업그레이드해야 한다. 이번 탄핵 사태는 우리 대의민주주의가 실패했음을 보여준다. 따라서 제왕적 대통령제를 넘어설 수 있는 합의민주주의와 권력분점제(내각제, 연방제)로 나아가는 변화 말고도 국민소환제, 시민발안제 등 직접민주주의를 강화해 현재의 질 나쁜 대의제를 질 높은 대의제로 바꿔야 한다. 우리 사회에 거리의 정치가 일상화된 것은 제도 정치가 "제도 내에서 사회적 갈등의 조정"이라는 정치 본연의 기능을 수행하지 못하고 있기 때문이다.

구체적으로 선거 연령을 글로벌 스탠더드인 18세로 낮추고 결선투표제와 독일식 연동형 비례대표제를 도입해 정치의 대표성을 강화해야 한다. 이런 요구는 불가피하게 개헌이라는 문제를 제기하게 한다. 물론 대선이 두 달 앞으로 다가와 개헌을 할 시간이 없고 개헌에 초점을 둘 경우 적폐 청산이라는 시대적 과제가 실종될 염려가 있다. 그러나 '대선 뒤 개헌 논의'로 나갈 경우 개헌은 정치인들의 밀실 야합으로 끝날 것이다. 따라서 광장이 '새로운 공화국'이라는 시각에서 큰 미래상을 제시해야 한다.

마지막으로 1997년 신자유주의 체제가 가져온 헬조선, 흙수저 사회를 넘어서야 한다. 현재 여론을 감안할 때 이번 대선에서 정권이 교체될 가능성이 크지만 설사 정권 교체가 되더라도 과거 같은 신자유주의 정권이 계속되면 헬조선을 벗어날 수 없다. 일반적 인식과 달리 김대중·노무현 정부는 이명박·박근혜 정부보다 경제성장을 잘했다. 그러나 미국식 신자유주의 정책을 무비판으로 추종해 분배에서 무능하고 양극화를 심화시켰다. 이 점에서 지지율을 고려할 때 현재 당선 가능성이 가장 높은 문재인 후보의 캠프 좌장의 "경제 민주화는 포퓰리즘"이라는 발언은 크게 염려된다.

문재인 진영과 야권이 신자유주의 노선을 답습하는 한 정권 교체가 되더라도 김대중·노무현의 '헬조선 1기', 이명박·박근혜의 '헬조선 2기'에 이어 '헬조선 3기'가 시작될 뿐이다. 그러면 수그러든 박정희 향수는 다시 살아나고 제2, 제3의 박근혜 또는 '한국판 트럼프'가 나타날 것이다. 사실 박정희 향수가 살아나고 박근혜 정부가 탄생할 수 있던 것은 김대중, 노무현 정부의 민생 파탄 때문이다. 1997년 대선에서 가난한 사람일수록 김대중을 찍었지만 10년 뒤 대선에서는 가난한 사람일수록 이명박을 찍었다.

시민들이 이룩한 민주 혁명을 탐욕스럽고 무능한 야권이 말아먹은 4·19 학생 혁명, 1980년 봄, 1987년 6월 항쟁의 비극을 이번에는 반복해서는 안 된다. 촛불이여 영원하라!

《중앙선데이》 2017년 3월 12일

박근혜, '반체제 왕정복고 혁명'을 바라는가

"헌법재판소 판결에 겸허히 승복해야 한다." "헌법재판소의 결정을 존중하지 않는 것은 헌법을 존중하지 않는 것으로, 이것은 헌법에 대한 도전이자 체제에 대한 부정이다."

이 말들은 헌법재판소의 탄핵 판결에 불복하고 있는 박근혜 전 대통령을 향한 '야당'들의 규탄 성명처럼 들린다. 그러나 결코 그렇지 않다. 2004년에 국회가 노무현 전 대통령을 탄핵한 뒤, 그리고 헌법재판소가 노무현 정부가 추진한 수도 이전에 위헌 판결을 내린 때 박근혜가 현 자유한국당의 전신인 한나라당 대표로서 한 말들이다. 그렇다. 헌법재판소의 결정을 존중하지 않는 것은, 박근혜의 말을 그대로 빌리면, 대한민국 헌법에 대한 도전이고 대한민국이라는 체제에 대한 부정이다.

박근혜는 헌법재판소의 결정에 승복하는 것이 아니라 사실상 불복 선언을 하고 삼성동 사저를 중심으로 국민과 대한민국을 상대로 저항에 나서고 있다. 결국 입만 열면 사랑한다고 이야기한 대한민국이라는 체제를 부정하는 '반_反체제의 길'을 스스로 가고 있는 것이다. 사실상의 불복 선언, 그리고 서청원 등 친박 의원 8명이라는 '팔상시'와 열혈 지지자들을 데리고 삼성동 사저에서 시작한 '사저 정치'를 보고 있노라면, 자신이 선출직 대통령이 아니라 법 위에 군림하는 여왕이라는 착각에 빠져 대한민국이라는 '공화국'을 전복하고 '박정희·박근혜 왕조'로 복고를 노리는 '반체제 왕정복고 혁명 세력'을 마주하고 있는 것 같은 착각을 지울 수 없다.

검찰과 특검, 헌법재판소는 일국의 대통령으로서는 있을 수 없는, 박근혜의 많은 죄를 우리에게 보여줬다. 그리고 앞으로 있을 검찰 수사는 이보다 더 많은 죄들을 밝혀줄 것이다. 그러나 이것은 반쪽 이야기에 불과하다. 한 언론에 실린 칼럼이 잘 지적했듯이, 박근혜의 가장 큰 죄는 특검의 조사 보고서나 헌법재판소의 판결에 포함돼 있지 않다.

박근혜의 가장 큰 죄는 이념에 전혀 무관한, 부패 같은 범법 행위에 연관된 문제를 자신이 살기 위해 "보수 대통령을 끌어내려 빨갱이 세상을 만들기 위한 빨갱이들의 음모"로 몰아가 나라를 이념 전쟁으로 갈가리 찢어놓은 것이다. 아니 그것도 모자라 사실상 탄핵 결정에 불복하고 탄핵 반대 세력을 선동하고 있는 것이다.

헌법재판소를 진보적 재판관들이 장악하고 있다면 혹시 모를 일이다. 그러나 헌법재판소는 박근혜 자신이 임명한 두 명의 헌법재판관을 포함해 다수가 보수 성향 재판관들로 구성돼 있다. 이런 재판관들까지 만장일치로 합의한 탄핵 인용 결정이 빨갱이하고 무슨 상관이 있다는 말인가. 자신이 빨갱이 판사를 헌법재판관으로 임명했다는 말인가. 그렇다면 박근혜의 죄명에 국가보안법 위반을 추가해야 한다!

그런 게 있을 것 같지 않지만, 설사 만에 하나 개인적으로 억울한 것이 있더라도, 나라를 위해, 자신 때문에 벌어진 나라의 분열을 막기 위해 "헌재의 판결을 겸허하게 수용하며 그동안 국민들에게 걱정을 끼쳐 죄송하다"고 이야기하는 것이 한때 대통령으로서 나라를 다스린 정치인이 갖춰야 하는 최소한의 도리가 아닌가. 정말 최소한의 애국심도 찾아볼 수 없는 막장 드라마다.

이런 막장 드라마를 보고 있자니 문득 떠오른 것이 니콜라이 부하린과 박헌영이다. 부하린은 러시아 혁명의 주역 중 한 명으로 이오시프 스탈린 때문에 숙청돼 형장의 이슬로 사라져야 했고, 일제 강점기에 항일 투쟁과 좌익 운동을 한 공산당 최고 지도자 박헌영은 해방 정국에서 미군정의 탄압을 피해 월북하지만 김일성 때문에 미국의 스파이라는 말도 되지 않는 죄명을 쓰고 숙청당한 비운의 혁명가다. 이 두 사람은 스탈린과 김일성이라는 두 독재자가 정적 제거를 위해 조작한 죄명을 쓰고 억울한 사법적 응징을 받아야 했지만 자신들 때문에 당과 나라가 분열되고 혼란을 겪는 상황을 막기 위해 순순히 죄를 시인하고 죽음의 길을 택한 것으로 알려져 있다. 여기에 견줘 박근혜의 처신은 너무 대조적이고 부끄럽기 짝이 없다.

그러나 곰곰이 생각해보면 박근혜의 처신은 분노할 일만은 아닌 것 같다. 불필요한 우리 사회의 분열과 갈등을 심화시키는 부작용이 있기는 하지만, 오히려 전화위복일 수 있다. 박근혜가 "헌재 판결을 겸허하게 수용하며 그동안 국민들에게 걱정을 끼쳐 죄송하다"고 고개를 숙였으면 적지 않은 국민들 사이에 "이제 그만 용서하고 사면하자"는 동정론이 일어났을 가능성이 크다. 그러나 박근혜는 정반대의 길을 선택함으로써 검찰 수사와 사법적 처벌이라는 정공법 이외의 다른 선택을 봉쇄해버리고 말았다.

한마디로 스스로 무덤을 파고 매를 벌고 있는 것이다. 이제 진실은 밝혀질 것이라는 박근혜의 소원대로 검찰이 강도 높은 조사를 통해 진실을 밝히면 된다.

뿐만이 아니다. 박근혜는 판결 불복과 사저 정치를 통해 자유한국당 등 보수 세력이 혁신을 통해 부활할 수 있는 기회를 봉쇄해버리고 말았다. 한마디로 자신이 살려고 보수 전체를 죽이고 있다. 이 점에서 박근혜의 불복과 사저 정치가 사실은 자기 방식대로 사랑하는 대한민국에 마지막으로 봉사하려는 애국심의 발로가 아닌가 하는 엉뚱한 생각까지 든다. 살신성인의 자세로 일부러 민심에 반하는 행동을 함으로써 자신에 대한 동정론을 차단해 법의 준엄함을 보여줄 기회를 만드는 한편 내시 정당으로 자신과 함께 나라를 망친 자유한국당 등 보수 세력의 집권 기회를 막아버림으로써 대한민국에 마지막으로 봉사하려는지도 모른다는 말이다.

그나마 다행인 것은 구속을 피해보려는 전술이라는 해석이 지배적이지만, 어쨌든 박근혜가 검찰의 소환에 순순히 응하겠다고 밝힌 것이다. 지금이라도 늦지 않았다. 박근혜가 최소한의 애국심이 있다면 "헌재 판결에 승복하며 나를 위해서라도 이제 분란은 멈춰달라"고 지지자들에게 자제를 호소해야 한다.

《시사저널》 2017년 3월 22일

문재인 대통령, 무엇을 할 것인가

이변은 없었다. 유례없는 촛불혁명으로 실시된 조기 대선은 촛불의 민심대로 확실한 정권 교체와 적폐 청산을 내건 문재인 더불어민주당 후보의 승리로 끝났다. 사실 대선 결과는 촛불혁명 편이었고 촛불 자체였다.

박근혜 탄핵을 지지한 민심이 70퍼센트 중반대고 반대한 여론이 20퍼센트대인 것처럼 문재인, 안철수, 유승민, 심상정 등 탄핵 지지 후보들은 74퍼센트를 얻고 탄핵 반대 세력이 중심인 자유한국당의 홍준표 후보는 20퍼센트대의 지지를 기록했다.

이제 파티는 끝났고, 앞으로 할 일은 산적해 있다. 특히 역사적인 촛불혁명에 대조적으로 선거 과정은 유례없는 네거티브 선거 운동이 난무하는 등 실망스러웠다는 점에서 문재인 대통령 당선인을 비롯해 정치권은 광화문을 메운 촛불을 생각하며 마음을 가다듬어야 한다. 문재인 당선인이 할 일은 엄중하기만 하다.

우선 '적폐 청산'이다. 문재인을 대통령으로 만든 사람들은 촛불 시민들이며, 촛불 시민들은 문 당선인이 그런 작업을 수행하는 데 가장 적합하다고 생각하기 때문에 표를 던졌다. 따라서 문 당선인이 대선 과정에서 적폐청산에 대한 여러 후보들의 비판에도 다수 국민들이 자신의 손을 들어준 사실을 잊지 말고 블랙리스트 등 박정희 정권 때부터 누적돼온 반민주적 정책들을 청산해 촛불혁명을 완성시켜야 한다.

둘째, 모순된 것처럼 보이지만 국민 통합이다. 국민 통합은 두 가지 면에서 필요하다. 탄핵 때문에 국민들이 갈가리 찢어졌기 때문에 필요하고, 다당제 구도에서 적폐 청산 등 국정 수행을 원활히 하기 위해서는 야당들의 협조가 필수적이기 때문에 필요하다. 물론 적폐 청산과 국민 통합이라는 모순된 과제를 동시에 추진하는 일은 보통 어렵지 않다. 그런데도 문 당선인은 균형감을 갖고 이 어려운 일을 추진하는 지혜를 발휘해야 한다.

문 당선인은 같은 말도 쓸데없이 강하게 이야기해 불필요한 갈등을 만드는 '스타일의 급진주의'를 피해야 한다. 정반대로 내용은 급진적이더라도 스타일은 부드러워야 한다. 특히 그동안 지적돼온 패권주의에 관련해, 승자독식주의를 벗어나야 한다. 국민의당과 정의당 등 촛불 정치 세력과 촛불 연합 정부를 구성하는 한편 보수 세력에 대해서도 인내를 갖고 끊임없이 설득하고 함께 나아가는, 연합 정치의 시대에 상응하는 새로운 대화의 리더십을 갖춰야 한다.

셋째, 사드와 북핵 같은 21세기 한반도와 동북아를 좌우할 외교와 안보 문제를 풀어야 한다. 노무현 전 대통령은 집권하자마자 이라크 전쟁이 터져 파병을 결정하면서 임기 초부터 자신의 지지 기반과 갈등 관계에 놓여 어려움을 겪어야 했다. 문 당선인도 임기 초부터 사드와 북핵이라는 중대사를 지혜롭게 풀어야 하는 어려운 과제를 안게 됐다.

넷째, 박근혜 탄핵과 촛불혁명으로 상징되는 고장난 대의민주주의의 개혁을 주도해야 한다. 이 문제에 관련해 많은 시민단체들이 촛불혁명의 성과를 제도화하기 위해 선거 연령 인하, 결선투표제, 독일식 연동형 비례대표제를 주장했지만 더불어민주당은 자기들에게 유리한 선거 연령 인하 말고는 지지하지 않았다. 이런 정략적 태도를 넘어서 선거 제도와 정부 형태 등 개헌 문제를 국민적 시각에서 대승적으로 이끌어가야 한다.

마지막으로 탈헬조선이다. 촛불혁명의 가장 깊은 곳에는 "돈 많은 부모를 만난 것도 실력"인 흙수저 사회, 헬조선을 향한 분노가 자리잡고 있다. 1997년 경제 위기 뒤 지속돼온 시장 만능의 신자유주의 정책이 이어지는 한 헬조선은 계속될 것이고, 그러면 박정희 향수는 다시 생겨나 한국판 트럼프로 나타날 것이다. 따라서 경제 정책에서 사회적 불평등을 해소할 근본적인 변화가 필요하다.

1년 뒤에는 지방선거가 있다. 따라서 임기 초에 강력한 개혁 드라이브를 걸어야 한다. 야당도 1년 동안 새 정부의 발목을 잡아 아무것도 못하게 해서 지방선거를 통해 레임덕을 만들자는 정략적 태도를 벗어나야 한다.

여든 야든, 민심에 반하는 낡은 정치에 연연하면 또다시 촛불의 심판을 피할 수 없을 것이다. 문 당선인도, 야권도 잊지 말아야 한다. 촛불은 영원히 꺼진 것이 아니다.

《이투데이》 2017년 5월 4일

3부

미완의 에필로그

"그래도 나는 선택받은 삶을 살았다"

기자로 사회생활을 시작했지만, 신군부에 해직된 뒤 학계에 몸담았다. 진보 학계를
대표하는 교수로서 활동도 왕성했다. 지난 30년을 돌아보는 소회가 남다를 텐데.

파란만장하다면 파란만장한 삶을 살았다. 민주화 운동을 했고, 감옥도
가고, 제적도 당했다. 그렇지만 우리 시대에 많은 사람들이 죽거나 힘든 길
을 살아간 데 견주면 정말 축복받았다는 생각도 같이 한다.

자기 자신을 '비주류의 비주류의 비주류'라고 규정하면서도 선택받은
삶을 살았다는 양가적 감정 같다.

이 사회 주류는 반공주의다. 민주화 운동 세력은 비주류였다. 비주류에
서도 중심이 있다. 김대중, 노무현, 문재인으로 이어지는 자유주의 세력이
다. 우리 사회에서 진짜 고생한 진보 세력은 비주류의 비주류로 외로운 길
을 갔다고 본다. 진보 진영 안에서도 중심은 진보 우파라고 하는 과거 민
족해방 계열, NL이었다. 진보 좌파는 다시 비주류가 된다. 진보 안에서도

비주류다. 그래서 '비주류의 비주류의 비주류' 얘기를 했다.

나는 '시대의 유물론'이라는 표현을 한다. 동시대에도 전혀 다른 삶을 사는 사람들이 있다. 나만 해도 정몽준 의원, 박근혜 전 대통령하고 70학번으로 동기다. 같은 세대라고 해도 전혀 다른 물질적 조건에서 아주 다른 삶을 살았다. 그렇기는 해도 세대 규정성이 있다고 본다. 세대는 단순한 나이를 지칭하는 말이 아니라 나이와 역사적 경험의 결합이다. 한국의 '386 세대' 미국의 '68혁명 세대' 등……. 요즘 부정적 의미로 쓰이는 'N포 세대'도 그렇다.

생각해보면 나는 교수로 편한 길을 갈 수 있었지만 거리로 나왔다. 그래도 이미 65세까지 정년을 했으니 선택받은 삶이다. 30년 전에 태어났으면 일제 강점기를 겪었을 테고, 30년 뒤에 태어났으면 요새 젊은이들처럼 스펙 전쟁을 하는 N포 세대가 됐다. 그래서 우리 세대가 현대사로 보면 가장 선택받은 세대가 아닐까 싶다. 유신 시대에 대학 시절을 보냈지만, 미국 유학까지 가서 박사 학위를 받았고, 돌아와서도 정규직 교수로 서울의 명문대에서 일했다. 대학 안에서도 소수만 하는 학장과 대학원장까지 했으니 선택된 세대고, 선택된 삶을 살지 않았느냐는 양면적인 생각을 하게 된다.

사람이 늙음에 관해서도 생각할 때가 오는데, 동물적 늙음과 식물적 늙음이 있다고 본다. 동물적 늙음을 비유하자면 사자다. 백수의 왕도 나이가 들면 젊은 사자에게 쫓겨나 죽는다. 식물적 늙음은 당산나무에 비유할 수 있다. 마을의 큰 나무가 돼서 쉼터가 되고 그늘이 돼준다. 그런 의미에서 나는 식물적으로 늙고 싶다.

그동안 젊은 제자들과 진보적 학자들의 보호막이 되기를 바랐다. 내가 학문적으로나 정치적으로 예민한 글을 많이 쓰다보니 적도 많이 만들었다. 어디 가서 '손호철 제자'라고 하면 득보다 실이 많았을 것이다. 당산나무 같은 구실을 못해준 것 같다. 그런 면에서 제자들에게 정말 미안한 마음을 갖고 있다.

12월 7일 퇴임 강연 때 깊은 말씀을 하겠지만, 어떤 내용을 준비하고 있는지 미리 소개 부탁한다.

정년 퇴임 강연은 '마르크스주의, 한국예외주의, 시대의 유물론'으로 제목을 정했다. 앞의 두 가지는 학문적 내용이고, 시대의 유물론은 내 삶의 이야기다.

내가 그동안 학자로서 역할을 한 분야가 이론으로는 마르크스주의, 특히 마르크스주의 정치학이다. 마르크스주의 정치학 중 국가론에서 여러 신진적인 신좌파 국가론 연구를 도입하고 이론화하는 작업을 해왔다. 또한 한국 정치에 관련해 진보적 시각에서 학문적 작업을 했다.

퇴임 강연은 내가 지금까지 공부한 내용으로 학생들에게 마지막으로 해주고 싶은 이야기를 할 것이다. 새로운 이야기는 아니다. 다만 마르크스주의가 아직도 유용하다는 것이다.

마르크스주의는 3가지 범주가 있다. 이론, 운동, 체제로서 마르크스주의다. 세 가지 모두 현대에 위기에 봉착해 있다. 특히 체제로서 마르크스주의는 현실 사회주의 나라들이 무너지면서 더욱 그렇다. 그럼에도 불구하고 이론으로서 마르크스주의의 기여에 관해 잊지 말아야 할 핵심적 이야기를 할 생각이다.

한국 정치에 관한 화두도 생각하고 있다. 새는 두 개의 날개로 난다고 하는데, 한국은 왜 한쪽 날개만 있느냐는 문제다. 한국의 한쪽 날개는 독수리 날개고 다른 쪽 날개는 병아리 날개다. 왜 그렇게 됐는가. 진보와 보수가 유럽의 선진국처럼 균형을 맞추려면 어떻게 해야 하는가. 그 문제를 이야기할 것이다.

내 고민과 시대의 이야기를 담을 책들

2018년 2월 정식 퇴임에 즈음해 방대한 분량의 출판도 계획하고 있다고 안다.

학문적으로 지금껏 해온 것을 정리해보려 한다. 나는 단행본보다는 정세적 논문을 많이 썼다. 그 논문들을 정리하려고 분류해보니, 크게 이론, 한국 정치, 정치 평론이고 교양이나 문학, 음악, 미술 관련 분야도 썼다. 지금은 많은 글들이 절판돼 읽을 수 없게 됐는데, 이번에 정리해보려 한다.

이론 분야는 1000쪽 정도기 때문에 두 권으로 낼 예정이다. 국가 권력, 민주주의, 지구화 같은 문제가 중심이다. 2000년대 초반부터는 포스트마르크스주의로 이론적 한계에 부딪친 때였다. 더는 실천적 의미가 없는 고답적인 작업을 하고 싶지 않았다. 그러면서 대부분 한국 정치 이야기를 했다. 내 주된 연구는 2000년대 초반에 끝났지만, 지금 읽어봐도 의미가 있다고 본다. 총론적 글이 500쪽 정도 된다. 시기별로 구분했다. 해방 때부터 1987년 민주화까지 한 권, 1987년부터 1997년 세계화까지 한 권, 1997년부터 지금까지 한 권으로 묶으려 한다.

내가 기자 출신이라서 그런지 정치 평론도 많이 썼다. 1991년부터 800여 편을 썼더라. 한 달에 평균 2.5편 정도 쓴 셈이다. 《프레시안》에도 많이 썼다. 2015년에 '국민모임'이라는, 현실 정치에 관련된 활동을 하면서 고정 칼럼을 다 끊었다. 그런 칼럼들이 3500매 정도 된다. 출판사 하는 제자는 출판업자로 그 원고가 가장 탐이 난다고 하더라. 정치학자가 본 한국 현대사라서 그렇다는 것이다. 그래서 전집으로 준비하고 있다. 마지막으로 교양, 문학, 여행 등의 주제를 엮을 계획이다.

진짜 하고 싶은 일은 시대사 중에서도 지성사 쓰기다. 내가 어떻게 고민했는지, 시대의 이야기를 쓰고 싶다. 정말 재미있는 이야기가 많다. 제목은 '운칠기삼'이다. '인생은 운이 7할이다'는 뜻이다.

김세균 선생하고 함께 감옥에 간 적이 있다. 나는 잡범들하고 수감됐고, 김세균 선생은 대한민국 최고의 제비족이랑 한방을 썼다. 그 제비가 춤 실력이 녹슬면 안 된다고 감옥에서 하루 10시간씩 춤을 췄다. 같이 수감된 김세균 선생은 대한민국 최고의 춤꾼이 돼 나왔다. 농담처럼 말하지만, 운이 참 중요하다. 대한민국 진보 정당이 어려울 때 "강남에서 '김세균의 문화교실'을 개설해서 4년간 강남 아주머니들에게 춤 가르치고 출마합시다" 같은 우스갯소리를 하기도 했다. 이런 에피소드 중심의 시대사를 써보고 싶다. '시대의 유물론'이라는 제목이 거기서 나왔다.

언급한 분야를 다 분류해서 내면 20여 권이 된다. 그 책을 한꺼번에 낼 수는 없다. 내년 2월 정년 때는 앞서 말한 네 분야를 먼저 정리해서 내려고 한다. 이론, 한국 정치, 정치 평론, 교양 분야를 한 권씩 계획하고 있다. 이론은 국가와 민주주의에 관해, 한국 정치는 총론 성격의 책을 낼 것이다. 정치 평론은 박근혜 시대에 관련해 '유신 공주와 촛불'이라는 주제로 하고, 교양 부분은 '즐거운 좌파'가 주제. 이 시리즈의 제목은 '손호철의 사색'이다. 이중적 의미다. 생각한다는 의미의 '사색'이고, 색깔을 달리하다는 뜻의 '4색'이다. 그 밖의 책들은 70대가 될 때까지는 내보자는 생각이다. 지성사는 새로 써보려 하고 있고, 정치 평론도 지성사의 측면에서 전반적인 조감을 할 수 있는 책을 내려 한다. 그런 작업 속에서 내 학문적 성과와 한계가 나타나지 않을까 싶다.

성년이 된 뒤 40여 년을 대학에서 보낸 셈인데, 1970~1980년대에 견줘 이제 대학을 지성과 비판의 전당이라 부르기 어려워졌다. 사상과 지식의 힘이 약화된 대학이라는 비판에 공감하나?

우리 사회가 반지성 사회가 되고 있다. 과거 군사 독재 시절에는 고문하는 사람들도 자기들이 잘못된 일을 하는 줄은 알았다. 미안한 줄 알았다. 민주화 세력 또는 자유주의 세력이 집권하고 나서 이런 경향이 사라졌다. 도덕적 우위가 사라지고, 증오의 정치가 지배한다. 이제 '빠의 정치'가 지배한다. 옳고 그름을 따지지 않는다. 누구 편이냐만 남았다. 반지성 사회의 징후다. 지성 사회를 떠받친 대학이나 언론에서 탈지성화가 심각하다. 모두 기능화됐다. 지성인이 아니라 지식 공학자, 지식 엔지니어가 돼가고 있다.

몇 해 전 내가 학문의 위기에 관해 발표하며 대학이 자본의 공장, 인력 공장이 되고 있다고 강조했다. 학생들은 경영학 수업만 듣고 교수도 통계만 가르친다. 민주화를 위한 전국교수협의회에는 나이 많은 교수들만 남았다. 젊은 교수들이 참여하지 않으려 한다. 승진하려면 논문 제조기가 돼야 하기 때문이다. 언론도 완전히 진영 논리에 들어갔다.

신자유주의 전선은 아직 해체되지 않아

현실 참여적인 글을 왕성하게 발표한 진보 학자로서, 한국 정치에 마르크스주의 정치학이 개입할 수 있는 여지는 어디에 있다고 보나?

'계급'이라고 하면 많은 사람이 두드러기를 일으킨다. 계급을 말하면 큰일 난다고 생각하지만, 정말 중요한 문제다. 물론 지금 우리 사회에는 계급만으로 환원되지 않는 많은 문제들이 있다. 젠더 문제 같은 것들이다. 과거 마르크스주의자들의 계급 환원론적 사고는 비판받아야 하지만 자본주의가 있는 한 자본주의를 설명할 강력한 수단으로서 마르크스주의는 상당히 유효하다.

한국 정치에서도 정당 정치나 현실 정치를 계급론으로 환원하려는 본질주의는 잘못이다. 유럽식 계급 정치가 제대로 되지 않은 것이 사실이고, 한국 정치는 기본적으로 초계급적 지역 정치다. 거지부터 부자까지 영남에 사는 사람들은 영남당을 찍으니 한국 정치에 계급은 별로 설명력이 없는 듯이 보인다. 그렇다고 해서 마르크스주의적 분석이 의미가 없지는 않다. 현실 정치에 계급이나 사회적 이익 관계가 전혀 반영되지 않는다고 볼 수는 없다.

손 교수는 한국 정치의 세력 관계를 셋으로 구분해 2중 전선의 틀로 설명해왔다. 보수 세력, 자유주의 세력, 진보 세력이다. 여기에 대입하면, 자유주의 세력과 진보 세력은 때로 협력하고 때로 갈등하며 강력한 보수에 맞서는 관계다. 노무현 정부 때도 그랬지만, 지금 같은 자유주의 정부가 들어선 때 이 2중 전선은 혼란스러운 경우가 많다. 더욱이 문재인 정부가 현재까지 사회경제적 문제들에서 보여주는 지향은 상당히 진보적이다.

진보와 보수는 굉장히 혼란스러운 개념이다. 노무현 대통령이 유연한 진보를 이야기 한 적이 있고, 뉴라이트도 자기들은 진보적 우파이고 진보 세력을 수구적 좌파라 부른다. 진보와 보수를 이해하는 방식은 네 가지가 있다. 첫째, 변화에 관한 태도다. 변화에 찬성하면 진보, 변화에 반대하면 보수다. 이 기준에 따르면 5·16 쿠데타와 히틀러의 집권은 진보다. 어떤 방향의 변화이냐를 무시하고 보면 그렇다는 뜻이다. 둘째는 정도의 차이다. 이 기준에서는 미국 민주당은 진보적이다. 한국의 더불어민주당도 진보적이다. 그렇지만 그렇게만 보면 절대적인 이념적 스펙트럼을 못 본다. 한국과 미국은 거의 유일하게 진보적 세력이 없는 나라다. 셋째, 시장과 자본주의에 관한 태도다. 사회민주주의 이상이 진보다. 우리가 흔히 사용하는 진보라는 용어는 '리버럴', '프로그레시브' 정도에 해당한다. 넷째는 해체적인 방식이다. 2007년 대선 때《이프》라는 페미니즘 잡지에서 여성운동 진영은 박근혜를 지지해야 한다고 했다. 이 관점에 따르면 가장 진보적인 남성 후보 권영길보다 가장 보수적인 박근혜가 더 진보적이다.

한국 정치는 개혁 진보 진영이라고 뭉뚱그려 이야기해왔다. 민주-반민주 구분법이다. 노무현 정부가 추진한 개혁 입법들, 즉 국가보안법 폐지 같은 것이 전형적인 민주-반민주 전선이었다. 자유주의 진영과 진보가 연합해 보수 세력인 새누리당에 맞서 싸웠다. 반이명박, 반박근혜 전선, 반새누리당 전선, 이런 것이 모두 민주-반민주 구분이다.

그러나 개혁 입법이 실패한 뒤, 노무현 정부는 한-미 FTA를 추진하고 노동법을 개정해 정리해고 범위를 넓히려 했다. 한나라당하고 손잡고 한-미 FTA를 추진했다. 신자유주의 개혁에서는 노무현, 김대중, 조중동, 재벌이 같은 편이었다. 그래서 민주노총, 참여연대, 진보 정당들이 반대했다. 전선이 두 개로 나뉜 것이다. 반대로 지난해 촛불혁명 같은 경우 상당히 달랐다. 보수 진영 안에서도 수구적 세력하고 다른, 개혁적 보수로 볼 수 있는 바른정당 세력이 함께 촛불 혁명을 성공시켰다.

문재인 정부에는 노무현 정부의 역사적 경험과 노하우, 체험이 있다. 이런 요소를 통해 경제민주주의를 중시하고 양극화가 심각한 문제라고 인식했다. 노무현 정부보다는 좌 클릭한 측면이 있다. 그렇다고 해서 신자유주의 전선이 없어졌는가? 그렇지 않다. 이를테면 문재인 정부의 소득 주도 성장과 혁신 성장을 보자. 혁신 성장에는 신자유주의적 잔재가 많이 남아 있고, 소득 주도 성장도 과연 탈신자유주의로 나아갈 수 있느냐는 점에서 회의적이다.

대표적인 것이 증세 논쟁이다. 이것이야말로 과거하고 근본적 단절을 하고 있지 못하다는 증거다. 물론 하루아침에 되는 일이 아니고 앞으로 더 지켜봐야겠지만, 부족해 보인다. 그렇다면 진보와 자유주의 세력을 구분하는 신자유주의 전선을 해체하는 것이 문재인 정부를 왼쪽으로 이끌어가는 데 도움이 될지 의심스럽다.

김대중, 노무현 정권이 들어서면서 신자유주의 전선이 강화되고 민주-반민주 전선이 약해졌다. 이명박, 박근혜 정부 때는 정치적 민주주의가 후퇴해 민주-반민주 전선이 강화됐다. 지금은 새로운 민주 정부가 들어선 초기다. 노무현 정부에 견줘 달라진 주요한 조건 중에는 노무현 전 대통령의 죽음이라는 변수를 꼽을 수 있다. 일반 국민들에게 정서적으로 중요한 부분이다. 공격적 방어주의를 갖게 된 것이다. '문재인도 노무현의 비극을 반복하게 해서는 안 된다'는 정서로 정당한 비판을 봉쇄하는 측면이 있다.

신자유주의 전선이 약화된 데에는 진보 정치와 진보 운동 자체의 동력이 약화된 측면도 있다. 현재 같은 진보 세력의 힘으로 문재인 정부를 더 진보적으로 견인할 수 있을까?

마르크스는 왜 극빈자가 아니라 노동자가 세상을 바꾼다고 했을까? 노동자가 체제를 전복할 전략적 힘이 있다고 봤기 때문이다. 그런데 노동운동이 위기다. 우리의 경우 전략적 힘을 가진 대기업 노조나 정규직 노동자들은 이해관계가 절실하지 않다. 정말 절실한 비정규직 노동자는 전략적 힘이 없다. 노동자가 분열돼 있다. 전투적 조합주의에 머문 노동운동을 새로운 사회운동으로 한 단계 업그레이드해야 한다. 진보 운동이 위기가 아닌 적이 있느냐고 이야기하지만, 진보 정당은 한국예외주의 자체다. 1987년 민주화 뒤에 반공주의가 약화되니 지역주의가 진보 정당과 노동운동을 어렵게 만들었다.

구조적 조건이 아니라 주체적 대응에도 문제가 있었다고 본다. 통합진보당 사태가 전형적이다. 진보 운동이 스스로 대중적 신뢰를 잃어버렸다. 한국의 진보 운동은 제3기가 끝났다고 본다. 새로운 순환이 시작돼야 한다. 1기는 일제 강점기와 해방 공간에 싹튼 민족해방운동, 진보 운동이다. 2기는 4·19 이후 진보 운동이 폭발적으로 살아났다가 5·16 쿠데타로 끝난 시기다. 3기가 1987년 민주화 뒤 민주노총과 민주노동당으로 상징되는 진보 운동이다. 그러나 끝났다. 친북 문제, 패권주의, 통진당에서 보여준 비민주성 같은 것들이 결합해서 자멸했다.

이제는 새로운 4기 진보 운동을 시작해야 한다. 21세기적인 '녹보적 연대', 즉 '그린'(생태), '보라'(페미니즘)와 전통적인 '레드'(사회주의)가 연합한 무지개 정당을 만들어야 한다고 생각한다. 진보 정당이 과거 민주노동당 같은 성공적인 추진력을 얻을 수 있을까 하는 회의가 있다. 한편으로는 노무현 대통령의 죽음으로 촉발된 대중들의 혼란도 겹쳐 있어 어려운 것이 사실이다. 그러나 헬조선, 흙수저 등 한국의 열악한 현실을 드러내는 여러 문제들이 결국 진보 운동의 물질적 기반이 되지 않을까 생각한다.

질 좋은 대의제를 위해 선거 제도를 개혁해야

문재인 정부는 스스로 촛불 정부로 정체성을 규정하고 있다. 표방하는 정체성에 걸맞은 국정 운영을 해왔다고 보나?

잘하고 있지만 협치를 너무 못한다. 대국민 정치를 평가하면 에이 학점을 줄 수 있다. 소통하려 노력하는 모습도 있다. 비교 기준이 되는 박근혜 정부가 워낙 점수가 낮으니 그렇다. 그렇지만 여의도 정치는 청와대에서 밥 한 번 먹는다고 해결되지 않는다. 총리는 최소한 국민의당에 추천해보라는 식으로 하면 어땠을까.

협치가 안 되니 남미에서 주로 볼 수 있는 '시행령주의' 일변도다. 대통령령으로 할 수 있는 일만 한다. 입법이나 법 개정은 국회 소관이라 쉽지 않다. 개헌도 동력을 잃었다고 본다. 답답하다.

정치 보복이라는 반발 속에서도 적폐 청산은 급진적으로 하고 있다. 촛불이 제기한 적폐 청산 과제 중 국정 교과서, 공영 방송 정상화 문제도 해결하는 중이라고 본다. 그렇지만 국제 정치에 연결된 어려움을 인정하더라도, 북한이 미사일 쏘니까 갑자기 사드 배치를 결정해버렸다. 문 대통령이 사드 배치를 유보할 때는 북한이 미사일 쏠지 몰라서 그랬을까? 도저히 이해가 안 된다.

적폐 청산이라는 과제를 조금 협소하게 실행하고 있다는 뜻으로 이해된다. 과거 정부를 단죄하는 일은 빠르게 하는데, 입법 사안이라든지 제도 변화가 필요한 과

제들은 진척이 없다는 염려 같다.

촛불이 요구한 적폐 청산의 과제는 크게 독재에 관련된 박정희 체제, 불완전한 민주화를 의미하는 87년 체제, 신자유주의를 의미하는 97년 체제다.

문재인 정부는 이 중에서 박정희 체제에 관련해 과거 정부에 대한 단죄로 호응을 얻고 있다. 그렇지만 87년 체제에 관련해서는 정치 개혁에 의지가 보이기는 하지만 협치가 아닌 승자독식주의적 태도로 기회를 날려버리고 있다. 승자독식주의 자체가 87년 체제의 산물이다. 대의민주주의를 한단계 발전시킬 수 있는 연정이나 협치를 하지 못하고 있다.

마지막으로 촛불 정신에 깊이 박혀 있는 97년 신자유주의 체제, 즉 헬조선에 대한 분노를 근본적으로 해결할 수 있느냐는 점에서 염려스럽다. 개혁이 혁명보다 더 어렵지만, 앞서 말한 대로 증세 문제를 회피하는 경향 등을 보면 걱정스럽다.

진보 정당의 성장을 일관되게 가로막은 제도적 장치는 선거 제도다. 정치권에서 개헌이나 선거 제도 이야기가 나오는데, 어떻게 전망하나.

지난 촛불혁명의 과정은 1~3기가 있었다. 국민들이 박근혜 탄핵을 압박한 1기, 국회가 힘을 모아 탄핵안을 처리한 2기, 헌재가 탄핵을 완성한 3기다. 그러나 그 뒤 너무 빨리 무장 해제했다. 개헌이나 선거 제도 문제를 압박해야 했는데, 대선 국면에서 전혀 하지 못했다. 다시 자기들만의 리그로 되돌아가고, 개헌은 정치권이 전담한다. 선거 제도 개혁도 그렇다.

75퍼센트 이상의 국민이 탄핵을 지지했다. 그 지지율이 대선 때 각 후보들이 나눠 가진 지지율에 일치한다. 자유한국당 지지율은 20퍼센트 남짓인데 의석은 몇 석인가? 민심의 지지도와 의회 분포는 전혀 다르다.

그래서 개헌이 어렵다면 선거 제도 개혁이 더 중요하다. 대의제의 실패 때문이다. 외국 교수들이 와서 한국의 희망버스를 구경하러 가자고 했을 때 나는 창피했다. 그 사람들은 한국 민주주의를 부러워하지만, 한국의 왕성한 거리 정치는 실패한 제도 정치의 다른 얼굴이기 때문이다. 제도 정치가 잘해서 사회적 갈등을 조정해야 한다. 그런데 사회적 균열이 정치적 균열에 반영되지 않는다. 그러니 거리로 나오는 것이다.

촛불도 한국예외주의에 따른 대의제의 실패다. 그런 측면에서 보면 직접민주주의의 강화도 중요하지만, 질 나쁜 대의제를 질 좋은 대의제로 바꿔야 한다. 이미 헌법재판소가 인구 편차 2 대 1을 넘는 선거구 획정이 위헌이라고 했다. 과거 민주노동당의 지지율은 11퍼센트였는데 의석은 3퍼센트에 불과했다. 현재 정의당도 6퍼센트 지지율을 얻었는데 의석은 2퍼센트다. 자유한국당과 민주당은 득표율보다 많은 의석을 갖고 있다. 진보 정당에 던진 표는 보수 정당에 던진 표에 견줘 4분의 1밖에 반영이 되지 않는다. 이런 위헌적 선거 제도를 고쳐야 한다.

다시 촛불 정신으로

정의당 싱크탱크인 정의정책연구소 이사장을 맡고 있는데, 그나마 제도 정치에 남은 진보 정당의 활로에 관해 조언한다면?

내가 과거 민주화운동을 했지만, 한 번도 진보 정당의 당원이 된 적이 없었다. 진보 정당이 분열한 점이 이유였다. 민주노동당이 제도 정치에 진입한 뒤에도 원외 좌파 운동이 있었다. 둘째 이유는 내가 언론에 칼럼을 써왔는데, 한국 사회는 지식인의 정파성을 색안경 끼고 본다. 진보 학자 중에서 제도 정치권에 목소리를 내고 지면에서 이런 내용을 알릴 수 있는 사람이 아주 드물었다. 내가 당원이 돼 이런 활동에 제약받는 것보다 진보 정당의 존재 이유와 필요성을 주장하는 쪽이 더 좋겠다는 생각에서 입당하지 않았다.

그러나 통진당 사태를 보고 정말 반성했다. 진보 지식인들이 당에 안 들어가서 이렇게 됐다는 반성이 많았다. 그래서 내가 학계에서 쌓아온 명성이 새로운 제4기 진보 운동에 보탬이 된다면, 진보 정당을 복원하기 위해 노력하자는 결심을 했다. 그러다 세월호 사태가 발생해 새로운 정치 모임인 국민모임을 만들었다. 새로운 정치 세력을 건설하자고 촉구하는 의미였다. 우여곡절이 있었지만 결국 국민모임과 노동정치연대. 진보신당 쪽에서 나온 진보결집 더하기, 정의당까지 4자 통합으로 통합 정의당을 만들었다. 2015년 10월, 그때 처음으로 내가 진보 정당 당원이 됐다.

앞서 말한 대로 문재인 정부에서 진보 정치 세력은 어떻게 해야 하는가? 특히 진보 정당인 정의당은 어떻게 해야 하는가? 아주 쉬운 이야기로 한쪽으로 연대하고 한쪽으로 비판하면 된다고 이야기할 수는 있지만, 원론적이다. 어떤 일을 같이하고 어떤 일을 비판할 것인가. 오히려 문재인 정부에 들어와 존재감이 없어진 측면도 있다. 문재인 정부 2중대라고 비판받기도 한다. 그런 의미에서 경제 분야 각료들을 임명할 때 명확한 태도를 표명하지 않은 점은 오류다. 정의당이 너무 정세에 왔다갔다하면 안 된다. 정의당이 대표하려 하는 세력, 즉 노동자, 비정규직, 사회적 약자의 시각에서 문재인 정부를 대해야 한다.

한편으로는 진보 정당이 '정당은 운동하고 달라야 한다'는 강박에서 벗어나야 한다. 정당과 운동은 달라야 하지만 사회운동적 정당이어야 한다.

사회운동을 끌어안아야 한다. 왜 촛불의 열기를 진보 정당이 끌어안지 못했나? 그런 대중적 힘을 스스로 끌어안지 못한 한계를 딛고 어떻게 하는 것이 촛불 정신을 계승하는 길인지를 고민해야 한다. 문재인 정부를 비판해야 할 사안은 비판해야 한다.

정치 지형이 아주 복잡하다. 바른정당은 다시 자유한국당에 흡수되고 있고, 국민의당은 우경화가 뚜렷하다. 진보 정당은 소수다. 다시 양당 체제로 돌아가 한국예외주의가 고착되지 않을까 하는 염려도 나온다.

정의당은 5퍼센트 지지율은 얻겠지만, 영원한 5퍼센트는 안 된다. 보수도 달라져야 한다. 오늘 학교에서 유승민 의원을 초청해 특강을 했다. 극우화한 한국 보수를 글로벌 스탠더드로 정상화할 수 있는 사람이라고 봤다. 바른정당이 그나마 글로벌 스탠더드의 의미에서 보수다. 극우와 리버럴 정당이 강한 구도에서 유럽식 정당 구도로 변해야 한다. 지금 잘못하면 다시 예전으로 돌아갈 가능성이 있다.

그런 의미에서 다시 강조한다. 경기 규칙, 즉 선거 제도가 중요하다. 지금 같은 선거 제도를 유지하고 있는 한 양당제로 다시 돌아갈 가능성이 상당히 크다.

또한 촛불 정신을 다시 만들어내야 하는 과제도 있다. 촛불 시민들이 다시 거리로 나오지는 않더라도 마음속에 있는 촛불은 끄지 말아야 한다. '페이퍼 스톤', 즉 투표 용지가 이제는 짱돌이고 화염병이다. 선거를 통해 다시 과거 같은 낡은 양당제 시스템으로 돌아가는 일은 막아야 한다.

촛불의 힘이 있다면, 그 분노를 투표의 힘으로 전환시켜야 한다. 촛불 정신에 어긋나는 것은 과감하게 심판하고 우리의 정신이 무엇인지, 새로운 대의제를 위해서는 어떻게 해야 하는지, 깊이 고민하고 전략적 투표를 해야 한다.

그림이나 사진도 조예가 깊다고 안다. 퇴임 뒤에 개인적으로 좀 여유 있게 해보고 싶은 일들은?

사진 찍어서 전시회를 한 적이 있다. 그림을 향한 향수도 늘 있었다. 그림을 다시 그려볼까 하는 고민도 하고 있다. 시대를 돌아보는 글도 쓸 생각이다. 또한 강의에서 자유로우니 이제 홀가분하게 사회운동을 해볼까 하는 마음도 있다.

내가 좋아하는 시가 있다. 베르톨트 브레히트의 〈살아남은 자의 슬픔〉이다. 살아남은 자의 부끄러움을 가지고 살았고, 결국 정년까지 했다. 시대를 비롯해 여러 측면에서 복 받았다고 해야 하나. 살아온 것에 감사하는 마음이 있다. 후배들, 그리고 아픈 시대를 겪는 여러 사람들에게 미안한 마음이다. 이런 사람들에게 어떤 방식으로 보상할 수 있을까 고민하고 있다.

《프레시안》 2017년 12월 4일

마르크스주의, 한국예외주의, 시대의 유물론
— 서강대학교 고별 강연

안녕하십니까? 서강대학교 정치외교학과의 손호철입니다. 제가 1988년 유학에서 돌아와 학생들을 가르치기 시작한 것이 엊그제 같은데, 벌써 30년이 흘렀습니다. 전남대학교를 거처 서강대학교에서 제자들을 가르친 시간도 24년이 흘러, 이제 떠날 때가 됐습니다.

고령화에 따라 유엔 산하 기관인 유네스코가 새로 발표한 연령 분류에 따르면 65세까지는 청년, 65세부터 80세까지는 장년, 80세가 넘어야 노년이라고 합니다. 이 기준에 따르면 저는 이제 청년에서 장년으로 옮겨가는 데 불과합니다. 그러나 제가 이제 떠나야 하고, 얼마 있으면 지하철도 공짜로 타게 됩니다. 욕심을 버리고 마음을 비울 때가 됐습니다. 그러나 교수로서 마지막으로 하는 강의인 고별 강연이라고 생각하니 마음을 비우지 못하고 많은 이야기를 하고 싶어 '마르크스주의, 한국예외주의, 시대의 유물론'이라는 긴 제목의 강연을 하게 됐습니다.

제목처럼 저는 오늘 세 가지 이야기를 하려 합니다. 첫째, 마르크스주의입니다. 마르크스주의가 무엇인지 모호합니다만, 제가 넓은 의미의 마르크스주의의 이론적 틀에서 연구를 해온 만큼 마르크스주의 정치학 이야기를 하려 합니다. 이제 마르크스주의란 멸종 위기의 희귀종이라는 점에서 이런 강의를 들을 수 있는 기회가 별로 없을 듯해 떠나기 전에 그 이야기를 해주고 싶습니다. 둘째, 제 전공인 한국 정치에 관련해서 제가 오랫동안 고민한 문제인 한국예외주의, 즉 새는 좌우 두 개의 날개로 날아야 하는데 우리는 왜 진보 정당이 제대로 성장하지 못해 오른쪽 날개만으로 나는지에 관해 이야기하려 합니다. 마지막으로, 시대의 유물론입니다. 앞의 두 이야기가 학문에 관련된다면 이 문제는 삶의 이야기입니다. 학자가 아니라 삶의 선배로서, 아니 삶의 동료로서 제 시대와 삶을 통해 여러분에게 해주고 싶은 이야기를 하려 합니다.

마르크스주의는 아직도 유효한가

우선 마르크스주의에 대해 이야기합시다. 이 이야기를 하려면 가장 먼저 부딪치는 문제는 마르크스주의란 무엇이냐 하는 모호성입니다. 마르크스가 살아 있을 때 이미 마르크스주의의 교조화가 나타났고, 마르크스는 "나는 마르크스주의자가 아니다Je ne suis pas Marxiste!"고 말했습니다. 반면에 스웨덴 주재 미국 대사를 지낸 유명한 경제학자 존 케네스 갤브레이스는 "우리는 이제 모두 마르크스주의자다We are all Marxists now"고 말했습니다. 이상하게 들리지만, 마르크스가 한 주장의 많은 부분은 이미 상식이 돼서 가장 보수적인 반공주의자들조차 자기도 모르는 사이에 수용하고 있다는 이야기입니다. 이런 모호성을 전제로 오늘 이야기를 진행하겠습니다.

마르크스주의는 아직도 유효한가? 마르크스주의가 주목하는 핵심인 계급은 아직도 유효한가? 사실 우리가 마르크스주의라고 이야기하는 것은 '이론', '운동', '체제'의 세 수준이 있습니다. 현실을 설명하는 이론으로서 마르크스주의가 있다면, 변혁적 노동운동 등 운동으로서 마르크스주의가 있습니다. 또한 몰락한 소련과 동유럽 등 현실 사회주의 같은 체제로서 마르크스주의가 있습니다. 소련과 동유럽이 몰락하면서 체제로서 마르크스주의는 일단 종말을 고했지만, 이론과 운동으로서 마르크스주의도 위기에 처해 있습니다. 이 문제는 많은 이야기가 필요한데다가 오늘 강연의 주제도 아닙니다. 중요한 사실은 그럼에도 불구하고 마르크스주의, 그리고 계급은 아직도 유효하다는 점입니다.

　우리가 사회라고 부르는 것은 흔히 생각하듯이 개인들의 합계가 아닙니다. 그럼 뭘까? '개인들 사이의 관계의 합계'입니다. 2017년의 한국 사회가 미국, 북한, 또한 1800년대의 한국하고 다른 이유는 이런 '개인들 사이의 관계의 내용'들이 다르기 때문입니다. 그런데 예전에 마르크스주의는 사회적 관계라고 부르는 개인들 사이의 관계를 모두 계급이라는 틀로 봤는데, 이런 계급환원론은 잘못입니다. 계급이라는 생산관계 말고도 젠더, 인종, 지역 등 다양한 관계들의 총합이 바로 사회죠. 그러나 이런 다양한 관계 중에서 계급은 매우 중요합니다. 저는 중심적이라고 봅니다마는, 그 중심성을 부정하더라도 중요성까지 부인할 수는 없습니다.

　이 부분은 길게 이야기하지 않겠습니다. 다만 마르크스주의, 계급이라면 가장 적대적 반응을 보일 박근혜, 극우 논객인 조갑제, 홍준표를 생각해보면 충분합니다. 박근혜와 조갑제가 200년 전, 홍준표가 1500년 전 태어났다면 어찌 됐을까요? 박근혜는 관기였겠죠. 조갑제는 노비였을 테고요. 홍준표는 글라디에이터, 즉 홍라디에이터였을 가능성이 큽니다. 이렇게 우리 사회가 예전에 노예, 노비 사회였고, 지금은 자본가와 노동자 계급으로 나뉜 사회라는 것은 진보냐 보수냐에 무관한, 부인할 수 없는 역사적 사실 아닌가요? 사실 흙수저, 헬조선이 바로 계급 문제가 아니고 무엇인가요?

마르크스주의 정치학은 무엇을 가르쳐주는가

이제 마르크스주의 정치학으로 넘어가겠습니다. 오늘은 여러분이 현대 사회를 살아가면서 잊어서는 안 되는 두 이야기만 하겠습니다. 우선 자본주의 사회는 노예제나 봉건제처럼 계급 사회인데, 그럼에도 불구하고 왜 노예 사회나 봉건 사회하고 다르게 민주주의를 허용하고 신분법이 아니라 평등한 보편법을 실행하느냐는 점입니다. 뒤집어 말하면 현대 사회는 보통선거권 등 정치적 민주주의를 실행하고 있는데도 단순히 민주주의 국가가 아니라 자본주의 국가라는 계급 국가로 봐야 하느냐 하는 의문입니다.

다른 하나는 보수 언론이나 정치인, 학자들이 입만 열면 말하는, 경제에 정치가 개입하면 안 된다는 주장입니다. 흔히 경제주의라고 부르는 이 생각은 허구라는 사실을 마르크스주의의 시각에서 보여주겠습니다.

왜 자본주의는 이전의 다른 계급 국가하고 다르게 정치적 민주주의를 허용하는가? 이 문제를 이해하기 위해 프리드리히 엥겔스가 쓴 《가족, 사유재산, 국가의 기원》을 같이 읽어보겠습니다.

국가는 …… 대개 가장 강력한 계급, 경제적 지배계급의 국가이다. ……
고대 국가는 노예를 억압하기 위한 노예 소유주들의 국가였으며 봉건 국가는 농노와 예속농을 억압하기 위한 귀족들의 기관이었다. 그리고 현대의 대의제 국가는 자본이 임금노동을 착취하기 위한 도구이다. **…… 역사에서 알려진 대부분의 국가들에서 시민들에게 인정되는 권리는 그들의 재산의 상태에 따라 차이가 있었다. ……** 현대 대의제 국가의 선거 자격도 그러하다.

위에서 지적한 대로 전자본주의 국가에서 정치적 권리는 계급적 지위에 따라 달랐습니다. 그리고 보통선거권이 실행되기 전이라 인구의 10퍼센트인 남성 유산자만 투표권이 있었습니다. 그러나 엥겔스는 "그것 봐라. 자본주의도 이렇게 계급 국가 아니냐"고 신나 하지 않았습니다. 오히려 이런 현실은 자본주의가 발달하지 않은 증거이며, 자본주의가 발달하면 보통선거권이 도입되고 정치적 민주주의가 자리잡는다고 봤습니다.

그러나 이렇게 재산의 차이를 정치적으로 승인하는 것이 결코 본질적이지는 않다. 거꾸로 그런 특성은 국가 발전이 낮은 단계에 있을 때의 특징이다. 최고의 국가 형태인 **민주공화제는 …… 공식적으로는 더는 재산의 차이를 문제삼지 않는다. 이 민주공화제에서 부는 자신의 권력을 간접적으로, 그러나 더욱더 확실하게 행사한다.**

이렇게 민주공화정이 자리잡아 재산의 차이를 문제삼지 않게 되지만 국가는 여전히 계급 국가로 남아있을 것(부는 자신의 권력을 더욱 확실히 행사한다)이라고 봤습니다. 왜 그렇게 봤을까요? 이 문제를 이해하려면 마르크스가 지적한 '이중의 자유'를 먼저 이해해야 합니다.

자본주의와 이중의 자유

이중의 자유는 현대 사회를, 자본주의를 이해하는 데 가장 핵심적인 부분입니다. 해당 부분을 같이 보시죠.

> (자본주의가 작동하기 위해서는) 화폐 소유주(자본가)는 시장에서 자유로운 노동자와 만나야 한다. **이 노동자는 이중적 의미에서 자유로워야 한다**free in double sense. (Kral Marx, *Capital* 1, ch. 6)

우선 노동자는 신분적으로 자유로워야 합니다. 그래야 자본가가 마음대로 고용할 수 있을 것 아닙니까? 둘째, 생산수단에서 자유로워야 합니다. 생산수단을 갖지 못하고 여기에서 분리돼야 한다는 말입니다. 그래서 목구멍이 포도청이라 살기 위해 몸을 팔 수밖에, 즉 노동력을 팔 수밖에 없어야 합니다. 이 둘은 밀접히 관련돼 있는데, 그 이야기는 나중에 하겠습니다. 둘 중에서 후자가 중요합니다. 여러분들은 생산수단에서 분리돼 있기 때문에 노동력을 팔 수밖에 없습니다. 따라서 자본주의에서 착취는 강제가 아니라 자유 계약, 자발적 동의에 따라 일어납니다.

사실 이건희나 정몽구의 시각에서 보면 착취 운운하는 노동운동이나 좌파의 주장이 웃길 겁니다. "내가 언제 나한테 와서 착취당하라고 강제로 시켰냐? 너희들이 제발 취직시켜달라고 별짓을 다해놓고 나중에 착취 운운한다"고 비판하겠죠. 맞습니다. 여러분, 왜 공부하세요? 취직하기 위해서죠? 제발 저 좀 착취해달라고 스펙 전쟁하고 그러는 것 아닙니까? 왜 그럴까요? 바로 여러분들이 생산수단에서 분리돼 있기 때문입니다. 따라서 표면적으로는 자유 계약이고 물리적 강제력이 개입되지 않지만 내용을 보면 사실상 시스템이 강제하는 것이죠. 굶어 죽기 싫으면 제 발로 찾아가 제발 착취해달라고 빌 수밖에 없으니, 강제가 아니고 뭔가요?

자본주의는 왜 민주주의가 가능한가

자본주의의 특징인 생산수단에서 벗어난 자유, 즉 생산수단에서 벗어난 분리가 또 다른 자유, 즉 신분적 예속에서 벗어난 자유와 민주주의를 가능하게 해줍니다. 마르크스는 《자본》 3권에서 민주주의냐 신분적 예속이냐 하는 정치의 숨겨진 비밀은 생산자와 생산수단 소유자들 사이의 직접적인 관계에 숨겨져 있다고 한 것이 바로 이런 이유 때문입니다. 이 부분을 자세히 살펴보겠습니다. 오늘 강의 중 가장 어려운 곳인데, 집중해서 들으시기 바랍니다.

> 명백한 것은 현실의 노동자가 자기 생활 수단의 생산수단과 노동 조건의 '점유자possessor'이기도 한 모든 형태에서는 소유 관계는 동시에 직접적인 지배와 종속 관계로 나타나며, 따라서 직접적인 생산자는 부자유인으로 나타난다는 점이다. …… 이런 조건하에서는 명목적인 토지 소유자를 위한 잉여 노동은 경제 외적 강제에 의해서만 강탈될 수 있다. 그러므로 여기에서는 인격적인 종속 관계와 토지의 부속물로서 토지에 결박하는 것 — 진정한 의미의 예속 — 이 필요하다. (Kral Marx, *Capital* 3, pp. 791~792)

노동자가 생산수단과 노동 조건의 점유자인 체제는 전자본주의인데, 여기서는 신분적 예속이 필요하다는 것입니다. 이 말을 뒤집으면, 생산수단

소유자가 점유자인 자본주의 체제에서는 신분적 예속이 필요 없다는 이야기입니다. 여기서 '점유possession'라는 개념이 어렵습니다. 점유는 법적 소유에 대비되는 개념입니다. 법적 소유하고 다르게 생산수단을 실제 작동하고 노동과정을 통제하는 것을 의미합니다.

자본주의에서는 노동과정을 자본가들이 통제하죠. 노동자들은 아침에 출근해 지시에 따라 생산수단을 작동하고 일하다가 퇴근합니다. 봉건제에서는 그렇지 않습니다. 농노가 아침에 출근해 영주에게 "땅 주십시요" 해서 땅을 받아 9시부터 5시까지 일한 뒤 땅을 반납하고 퇴근하지는 않습니다. 전날 술 마셨으면 놀고, 일할 때는 자기가 알아서 합니다. 점유권을 자기가 가지고 있다는 말입니다.

이런 차이는 최종 생산물이 누구 손에 있는지를 결정합니다. 농노의 경우 자신이 생산과정과 노동과정을 통제하기 때문에 최종 생산물인 쌀은 자기 손에 있습니다. 그리고 생산돼 농노 손에 들어온 쌀의 5할을 나중에 지주에게 갖다 바치는 거죠. 생산과정에서 자연스럽게 잉여가 수취되지 않고 생산된 뒤에 경제 외적 강제에 따라 수취합니다. 따라서 농노들을 신분적으로 예속시켜야 합니다. 안 그러면 안 내놓기 때문입니다.

자본주의는 다릅니다. 여러분이 나이키 공장에서 일한다고 해서 여러분이 만든 신발이 여러분 것은 아니지 않습니까? 자본가들 소유입니다. 그럼 잉여의 수취는 어떻게 일어날까요? 생산과정에서 자연스럽게 일어납니다. 8시간 일하면 그중 다섯 시간은 필요 노동시간으로 여러분을 위해 일하지만, 나머지 3시간은 자본가를 위한 잉여 노동시간입니다. 이 부분이 잉여가치를 만들어내죠. 잉여 수취에는 경제 외적 강제가 필요하지 않습니다. 따라서 전자본주의하고 다르게 정치와 경제가 분리되고 정치의 상대적 자율성이 생기는 겁니다. 다시 말해 공장 밖에서 민주주의를 한다고 해도 잉여 수취에는 지장이 없습니다. 제가 자주 쓰는 표현인데, 민주주의와 시민권은 공장 문 앞에서 멈춥니다. 여러분이 삼성에 들어가서 이재용이 이 일하라고 시킬 때 "같은 시민끼리 왜 시켜요" 하면 잘리죠.

이중의 자유는 자본주의, 나아가 자본주의 정치를 이해하려면 잊지 말아야 하는 핵심입니다.

경제주의의 신화를 넘어서

다음으로 경제주의에 관해 이야기하겠습니다. 여기에서도 출발점은 마르크스입니다. 마르크스는 생산이란 단순히 휴대폰이나 자동차 같은 물질의 생산이 아니라 '생산의 사회적 조건의 생산'이라고 말했습니다. 무슨 말이냐 하면, 휴대폰이든 자동차든 도로, 노동력, 화폐 같은 사회적 조건이 갖춰지지 않으면 생산은 불가능하다는 겁니다. 그런데 이런 사회적 조건들을 기업들이, 경제가 스스로 생산해낼 수 있나요? 아닙니다.

한마디로 국가 개입이 없는 경제는, 자본주의는 존재할 수 없습니다. 순수한 경제가 존재하고 여기에 사후적으로 국가가, 정치가 개입하는 게 아니라, 경제 속에는 이미 국가와 정치가 들어와 있으며 내재해 있다고 볼 수 있습니다. 따라서 자유방임과 자기 재생산을 하는 순수한 경제라는 경제주의의 신화를 깨뜨려야 합니다. 자유방임이란 경제에 정치가 외형적으로 개입하지 않는다는 불개입의 개입, 즉 개입의 한 형태에 불과합니다. 과거 경제학에서는 박정희 정권처럼 국가가 경제에 직접 개입하는 제3세계의 자본주의를 국가자본주의라고 불렀습니다. 그러나 국가가 없는 자본주의는 존재할 수 없고, 이런 점에서 모든 자본주의는 '국가자본주의'입니다.

가장 어려운 마르크스주의 부분은 끝났고, 이제 한국예외주의로 넘어갑니다. 그전에 머리 좀 식히는 유머 시간을 갖겠습니다. 1980년대에 '코끼리 냉장고 넣기'라는 유머가 있었습니다. 코끼리를 냉장고에 넣는 방법은 '냉장고 문을 연다, 코끼리를 넣는다, 냉장고 문을 닫는다'입니다. 1980년대라는 난센스의 시대를 풍자한 난센스 유머라고 할 수 있습니다.

그런데 오늘의 유머는 '코끼리 냉장고 넣기로 본 해방 70년사'입니다. 각 시대의 시대정신을 정확히 알면 쉽게 답할 수 있습니다.

이승만은 어떻게 넣나요? 이렇게 말합니다. "나를 중심으로 단결해서 미국에 넣어달라고 청원합시다." 그럼 박정희는? "코끼리 냉장고 넣기 5개년 계획을 세운다. 반대하는 놈은 긴급 조치로 잡아넣는다." 전두환은? 토끼를 잡아 보안사 지하실로 끌고 갑니다. "너 코끼리지?" "아닌데요." 전기 고문에 물 고문을 한 뒤 토끼가 '나는 코끼리다'는 자술서를 쓰면, 자술서와 토끼를 냉장고에 넣습니다. 노태우는? 기자 회견을 엽니다. "제가 어젯밤 분명히 넣었어요. 믿어주세요."

김영삼은? 자기가 냉장고에 들어갑니다. 그리고 코끼리에게 손으로 오라고 하며 말합니다. "괜안타. 괜안타. 니도 들온나." 김대중은? 사실 이 이야기는 제가 1997년 쓴 《3김을 넘어서》라는 정치 평론집에 처음 썼습니다. 그때까지 김대중은 대통령이 안 된 때라 "어떻게 넣을까 아직도 고민 중이다"고 썼습니다. 그 뒤 대통령이 됐지만, 좋은 아이디어가 없네요. 물론 냉전 세력은 "김정일에게 물어본다"고 하겠지만, 별로 좋지 않고요. 노무현과 이명박도 별 아이디어가 없어서 포기했는데, 박근혜가 다시 아이디어를 주네요. "순실이에게 물어본다."

이제 머리를 식혔으니 한국예외주의로 넘어가겠습니다. 미국 정치학자들의 중요한 화두 중 하나는 미국은 왜 유럽처럼 사회주의 정당, 진보 정당이 없느냐는 미국예외주의입니다. 마찬지로 우리는 왜 강력한 진보 정당이 존재하지 못하는가 하는 한국예외주의를 고민해야 합니다. 김대중 정부와 노무현 정부, 민주당이 진보 아니냐는 반론이 제기될 수 있습니다. 따라서 여기서 진보와 보수가 무엇인지를 간단히 집고 넘어갈 필요가 있습니다. 첫째, 변화에 관한 태도를 기준으로 할 때 변화에 찬성하면 진보고 변화에 반대하면 보수로 보는 겁니다. 이런 기준에 따르면 5·16 쿠데타나 히틀러의 집권은 무엇일까요? 진보입니다. 말도 안 되는 이야기죠. 이렇게 이 기준은 변화의 방향이나 내용을 보지 못하는 잘못된 기준입니다.

둘째, 상대 평가입니다. 진보와 보수를 상대적 정도의 차이로 보는 겁니다. 그러면 미국의 민주당이나 더불어민주당은 진보이고, 미국의 공화당이나 자유한국당은 보수입니다. 첫째 기준보다는 나은 편이지만, 문제가 있습니다. 마르크스와 레닌을 비교해 마르크스가 덜 진보적이라며 보수라고 주장하거나, 히틀러와 무솔리니를 비교해 무솔리니가 덜 반동적이라며 진보라고 주장하는 논리입니다. 이런 기준으로는 제대로 된 진보 정당이 없는 미국예외주의와 한국예외주의를 이해할 수 없게 됩니다.

셋째, 절대 평가입니다. 시장과 자본주의에 관한 태도를 기준으로 해서 여기에 비판적이면 진보로 보는 식이죠. 구체적으로 사회민주주의나 사회주의 등 사민주의의 왼쪽에 있는 흐름을 진보를 보는 것이죠. 이럴 경우 한국과 미국은 예외주의에 해당됩니다.

마지막으로 해체주의입니다. 진보와 보수는 이슈에 따라 달라진다는 해체적 인식입니다. 1997년 대선 때 한 페미니즘 잡지 편집장이 페미니즘은 박근혜를 지지해야 한다고 주장해 난리가 난 적이 있는데, 그것이 바로 해체주의입니다. 페미니즘 시각에서는 가장 보수적인 여성 후보가 가장 진보적인 남성 후보보다 더 진보적이고, 성소수자의 시각에서는 가장 보수적인 동성애자 후보가 가장 진보적인 이성애자 후보보다 진보적이라는 겁니다. 저는 셋째와 넷째를 결합하는 방식이 가장 올바르다고 생각합니다.

그럼 김대중 정부와 노무현 정부, 민주당은 무엇일까요? 기본적으로 '진보progressive'는 아니지만, 그렇다고 냉전적 '보수conservative'도 아닌 '자유주의liberal' 세력이죠. 주목할 점은 자신을 진보라고 부르는 민주당 지지 학자들은 '진보'를 영어로 '리버럴'로 부른다는 사실입니다. 맞습니다. 영한사전을 보면 '리버럴'에는 '진보'라는 뜻도 나와 있습니다. 그러나 우리가 말하는 진짜 '진보'는 아니고 '자유주의자'라는 뜻이죠. 사실 우리 사회는 진보-보수의 이분법이 아니라 진보-자유주의-보수의 삼분법으로 이해해야 합니다. 민주노총, 민주노동당, 정의당 등이 진보이고, 시민단체와 더불어민주당 등이 자유주의, 뉴라이트와 자유한국당 등이 보수라고 볼 수 있습니다. 이렇게 보면 기본적으로 자유주의 대 보수가 민주 대 반민주라는 대결 형태로 대립해온 것이 한국 정치의 기본 틀이고, 진보 정당은 1948년 정부 수립 뒤에는 제대로 성장하지 못했습니다.

한국예외주의는 왜 생겼나

원래 주제로 돌아가, 그럼 왜 우리는 진보 정당이 제대로 성장하지 못했을까요? 다 아는 이야기지만 분단에 따른 극단적 반공주의 때문입니다. 우리 사회는 1990년대까지 일상생활은 말할 것도 없고 학문적 용어로도 계급이라는 단어를 사용할 수 없을 정도로 반공주의가 기승을 부렸습니다. 그러니 진보 정당은 당연히 자리잡을 수 없었습니다. 다음으로 영화 〈아름다운 청년〉의 전태일로 상징되는 여공과 영세 봉제 공장 등 경공업 위주의 분산적 산업 구조입니다. 물론 그 와중에도 영웅적인 노동 투쟁이 이어졌지만, 분산적 산업 구조는 기본적으로 약한 노동운동, 약한 진보 정치 운동의 조건으로 작동했습니다.

다른 조건들도 있습니다. '국가 코포라티즘'이라고 부르는 국가의 노동운동 통제입니다. 그 결과 노동조합은 노동자들을 대표하는 기관이라기보다는 국가가 노동자들을 통제하기 위한 통제 기구가 되고 말았습니다. 이렇게 진보 정당의 기반이 돼야 할 노동조합이 어용인데 진보 정당이 성장할 수 없죠. 선거 제도도 문제입니다. 우리 선거 제도는 미국보다는 나은 편이라 전국구라는 비례대표가 있었지만 승자독식형 소선거구제를 유지해온 탓에 진보 정당은 원내 진입이 거의 불가능했습니다.

높은 사회적 유동성도 한국예외주의의 한 원인입니다. 여러분의 계급적 지위, 즉 '제네레이션 2'의 클래스인 'G2C'는 여러분 부모들의 계급적 지위인 '제네레이션 1'의 클래스, 즉 'G1C+X'입니다. 도식화하면 'G2C=G1C+X'인데, 이때 'X'는 뭘까요? 우선 'M'이 있습니다. 'Marriage', 즉 결혼입니다. 금수저를 잘 물면 신분 상승이 일어나죠. 그런데 이런 결과는 보편적이지 않고 가장 일반적인 것은 'E', 즉 교육입니다. 그렇습니다. 높은 교육열, 그리고 누나나 여동생 등 가족들이 다 희생해 아들을 뒷바라지하는 가부장제가 결합해 우리 사회는 높은 사회적 유동성을 가질 수 있었습니다. 따라서 모두 단결해서 함께 자신들의 처지를 개선하는 집단적 해결책보다는 열심히 공부하고 일해서 신분 상승을 하는 개인적 해결책을 찾은 것이죠. 그러니 계급 정치와 진보 정당이 잘 안 된 겁니다.

마지막으로 산업화와 민주화, 특히 보통선거권의 수순입니다. 유럽은 산업화가 먼저 일어났습니다. 그래서 노동자 계급이 형성됐지만 투표권이 없어 정치의 구경꾼에 머물렀습니다. 그래서 단결해서 보통선거권 획득을 위해 투쟁합니다. 다시 말해 처음부터 '계급'으로 정치에 참여하게 된 것이죠. 우리는 정반대입니다. 산업화 이전에 해방과 함께 보통선거권이 주어졌습니다. 따라서 투표와 정치 참여는 '계급'이 아니라 '국민'의 권리이자 의무가 됐죠.

이런 한국예외주의의 결과는 무엇일까요? '거리의 정치'입니다. 정치란 무엇인가요? 정치란 '사회적 갈등의 제도적 조정'이라고 할 수 있습니다. 어느 사회나 다양한 사회적 갈등이 존재하게 마련이죠. 이때 필요한 것이 정치입니다. 정치는 정당이나 의회 같은 제도 정치의 틀(전문 용어로 '정치 사회'라고 부르죠)에서 이런 다양한 갈등들을 조정하는 행위입니다. 그러려면 정치 균열이라고 부르는 정치의 갈등이 사회의 주된 갈등을 반영해야 합니다. 유럽 등 대부분의 현대 국가들은 현대 사회에서 갈등의 중요한 축인 노동 대 자본을 정치 균열에 반영해 진보 대 보수의 정당 구조로 나뉘어 있습니다.

우리는 그렇지 못합니다. 노사 갈등 같은 사회적 갈등이 심화돼도 정치가 이런 갈등을 반영하지 못하고 보수 정당들끼리 정치놀음을 하고 있으니 정치가 사회적 갈등의 제도적 조정이라는 제 기능을 수행하지 못하는 것이죠. 그 결과가 골리앗 투쟁, 세월호 광화문 농성, 희망버스 같은 '거리의 정치의 일상화'입니다. 다시 말해 한국 정치의 예외주의에 따른 제도 정치의 실패가 가져온 결과가 바로 거리의 정치의 일상화입니다. 이런 점에서 보면 어떤 측면에서 최근의 촛불혁명은 이런 한국예외주의와 제도 정치의 실패가 가져온 결과입니다.

한국예외주의의 변화

그런데 1980년대 들어, 특히 1987년 이후 변화가 생겨납니다. 한국예외주의를 만들어낸 조건들이 약화되거나 변화한 겁니다. 그리고 소련과 동유럽의 현실 사회주의가 몰락하면서 시작된 세계적인 보수화 흐름 속에 우리는 노동운동의 때늦은 폭발과 진보 정당의 때늦은 성장을 겪습니다. 그런 점에서 또 다른 한국예외주의라고 할 만합니다. 우선 반공주의가 약화됩니다. 물론 아직도 반공주의는 특히 5060 세대를 중심으로 탄탄하게 남아 있지만 약화된 것은 사실입니다. 둘째, 중화학 공업화에 다른 산업 구조의 변화입니다. 그 결과 현대자동차나 대우조선 등 전체 경제를 휘청거리게 만드는 대규모 사업장의 골리앗 투쟁이 등장합니다.

노동조합을 노동자 통제 수단으로 이용하던 국가 코포라티즘도 약화됐습니다. 민주노총 같은 자주적 노동조합이 생겨나 독자적 정치세력화를 추진하게 됩니다. 어용인 한국노총도 변신해 자립성을 확대해갑니다. 게다가 전국구 제도가 위헌 판결을 받고 정당명부식 비례대표제가 도입되는 등 승자독식의 선거 제도도 민주화됐습니다. 정당명부식 비례대표제가 도입된 2004년 총선에서 민주노동당은 사실상 5·16 쿠데타 뒤 처음으로 진보 정당으로서 원내에 진출합니다. 그때 민주노동당이 획득한 10석 중 8석은 비례대표였습니다. 지금도 정의당의 6석 중 4석은 비례대표입니다.

마지막으로 사회적 유동성의 약화입니다. 흙수저 사회가 된 겁니다. 교육이 우리 사회의 사회적 유동성의 가장 중요한 원천이었지만, 이제는 그렇지 않습니다. 교육 자체가 돈이 많이 드는 자본 집약적 투자처가 된 거죠. 그것뿐만이 아닙니다. 정책의 목표와 정책의 결과가 정반대로 나타나고 있는 분야가 교육입니다. 교육 평준화의 결과는 역설적으로 교육 계급화입니다. 과거에는 빈민촌인 낙골에 살아도 똑똑하고 열심히 공부하면 경기중학교에 갔고, 거기서 좋은 교육을 받아 좋은 대학에 가서 신분 상승을 할 기회를 얻었습니다. 이제는 그런 일이 불가능하죠. 교육 평준화 때문에 주거 지역이 어느 학교를 갈지를 결정하니까요. 8학군 현상이 생긴 것이죠. 최근 조사에 따르면 강남의 일반고 졸업생이 이른바 '스카이' 대학에 갈 확률은 강북의 30배라고 합니다. 그런 만큼 이제 계급 정치를 통해 집단적 해결책을 찾아야 하는 상황이 됐습니다.

그러나 부정적 변화도 있습니다. 진보 정당의 성장을 가로막는 새로운 장애물들이 생겨난 겁니다. 우선 지역주의입니다. 1987년 민주화에 따라 한국 정치를 지배해온 민주 대 반민주 구도가 약화되지만, 이 구도를 대체한 것은 진보 대 보수가 아니라 지역주의였습니다. 여러 연구 결과가 잘 보여주듯이 한국 정치에서 투표의 결정 요인은 이념적 성향이 거의 영향을 미치지 못하는 반면 지역이 가장 중요합니다. 한마디로 1987년 이후 한국 정치는 거지부터 재벌까지 초계급ㅏ적으로 영남은 영남당을 찍고 호남은 호남당을 찍는 '초계급적 지역 정당 체제'라고 볼 수 있습니다.

둘째, 신자유주의입니다. 1997년 경제 위기를 극복하기 위해 김대중 정부를 필두로 그 뒤를 이은 정부들은 미국식의 시장 만능 신자유주의를 전면 도입합니다. 그 결과 정리해고를 전면화하고 비정규직과 청년 실업을 일상으로 만듭니다. 고용 불안은 노동자들 사이의 연대를 약화시키고 노동자들을 무한 경쟁 상태로 파편화시키고 있습니다. 여기에서 우리는 마르크스가 왜 빈민층이나 실업자가 아니고 노동자 계급이 변혁의 중심이라고 생각했는지를 따져볼 필요가 있습니다. 노동자 계급만이 변혁에 관련된 이해관계와 이런 변혁을 쟁취할 수 있는 전략적 힘을 둘 다 갖고 있다고 본 겁니다. 그러나 이해관계와 전략적 힘이 신자유주의 때문에 분절화되고 있습니다. 대기업 노동자들은 전략적 힘이 있지만 이해관계는 보수화되고 있다면, 이해관계가 절실한 비정규직은 전략적 힘이 취약합니다.

셋째, 진보 진영 자체의 잘못입니다. 2004년 총선에서 민주노동당은 10석을 얻어 제3당으로 자리잡고 급성장하지만, 이런 성공이 자만을 불러와서 사실상 자멸의 길을 걷고 말았습니다. 우선 친북주의입니다. 우리 진보운동의 다수파는 이른바 '엔엘NL'이라고 부르는 민족주의 세력으로, 민생보다는 반미나 통일 등에 더 관심을 가지다가 대중에게서 멀어지기 시작했습니다. 특히 북한의 핵무기 개발, 인권 탄압, 3대 세습 문제에 침묵하거나 옹호하는 태도를 보이면서 고립의 길을 자초했습니다. 강재섭 전 의원이 당대표이던 시절 한나라당이 최고위원 회의를 하는 모습을 보고 충격을 받아 심장 마비에 걸리는 줄 알았습니다. 회의실 벽에 '인권'과 '반핵'이라고 크게 써놓았기 때문입니다. 아니 자기들이 언제 인권을 중시하고 반핵을 얘기했나요? 그러나 북한 문제에 진보 세력이 잘못 대응하면서 인권과 반핵이 보수의 담론이 된 겁니다. 패권주의도 문제였습니다. 패권주의는 통진당 사태로 폭발했고, 진보 정당은 사실상 자멸하고 말았습니다.

무엇을 할 것인가

우리는 무엇을 해야 할까요? 우선 정치 균열 구조를 정상화해야 합니다. 거지부터 재벌까지 자기 지역 정당을 찍는 '초계급적 지역 연합'을 해체해 호남과 영남의 노동자가 지역을 넘어 연대하는 '초지역적 계급 연합'으로 나아가야 합니다. 국민들이 가장 바라는 빈부 격차를 해결하고 헬조선과 흙수저 문제를 풀기 위해서도 그렇습니다. 나아가 극우로 왜곡돼 있는 보수를 글로벌 스탠더드에 맞는 보수로 정상화하고, 현재 보수 대 자유주의의 대립 구도를 진정한 보수인 자유주의 대 진보의 대립 구도로 점진적으로 바꿔가야 합니다. 이런 변화는 지역주의를 깨기 위해서도 필요합니다. 지역주의를 비판합니다만, 지역주의를 대체할 수 있는 새로운 정치 균열이 나타나지 않는 한 지역주의는 계속될 겁니다. 그리고 지역주의를 대체할 수 있는 균열은 진보 대 보수입니다.

제도 개혁도 중요합니다. 우선 사표를 양산하고 민의를 왜곡하는 현재의 선거 제도를 독일식 연동형 비례대표제로 바꿔야 합니다. 헌법재판소가 얼마 전 시골과 도시의 선거구 인구 차이가 너무 커 표의 가치가 두 배 이상 나는 상황은 위헌이라고 판결했습니다. 그러나 진보 대 보수의 표의 가치 차이는 4배나 납니다. 거대 보수 정당에 던진 표는 진보 정당에 던진 표의 4배로 계산되고 있습니다. 정의당이 지난 총선에서 7퍼센트대를 득표했습니다. 독일식 선거 제도면 21석을 얻어야 하는데, 현재 정의당의 의석 수는 전체 의석의 2퍼센트인 6석에 불과합니다. 이런 민의 왜곡을 바로잡아야 합니다. 사실 선거관리위원회도 그런 방향으로 선거 제도를 고치라고 했지만 정치권은 정반대로 비례대표를 축소했습니다.

선거 제도의 개혁이 개헌보다 중요합니다. 독일식 말고도 촛불혁명 때 제기된 대로 OECD 국가 중 유일하게 19세인 선거 연령을 18세로 낮추고 결선투표제도 도입해 대표성을 높여야 합니다. 나아가 사상의 자유를 가로막는 국가보안법도 이제는 폐지해야 합니다. 개헌에 관련해서 이제는 대통령제라는 다수결주의에서 일종의 합의민주주의로 전환해가야 합니다.

진보 세력의 혁신도 필요합니다. 특히 노동운동을 쇄신해야 합니다. 지금 같은 노동자 계급의 분열을 넘어서야 합니다. 임금 인상 같은 경제적 이익을 전투적으로 추구하는 전투적 조합주의를 넘어 사회적 약자들하고 함께 나아가는 '사회운동적 노동운동'으로 나아가야 합니다. 진보 정당도 20세기 초중반의 민족해방형 진보 정당, 민족주의에 기초한 친북주의에서 벗어나 21세기형 진보 정당으로 다시 태어나야 합니다. 우리의 진보 정당 운동은 일제 강점기와 해방 공간의 1기, 4·19 이후 터져 나왔다가 5·16 쿠데타로 박살난 2기, 민주노동당으로 대표되는 1987년 이후의 제3기를 거쳐왔습니다. 이제 3기가 끝났고, 새로운 주기를 시작해야 합니다. 그리고 그 새로운 진보 정당 운동은 생태주의의 녹색, 페미니즘의 보라, 전통적 좌파의 적색을 상징하는 '녹-보-적'이 중심이 된 다양한 운동의 무지개 연합이어야 합니다. 마지막으로 지역 공동체에 결합하는 진보 운동이어야 합니다. 현대 정치는 지역의 선거구를 중심으로 하기 때문에 지역에 결합하지 못하는 진보 운동은 실패할 수밖에 없습니다.

새는 좌우의 두 날개로 난다는데, 우리는 오른쪽 날개 하나로 날고 있습니다. 아니 2004년부터는 진보 정당이 원내에 진출했으니 한 날개는 아니고요, 오른쪽 날개는 독수리 날개고 왼쪽 날개는 병아리 날개입니다. 이제 한국예외주의를 넘어 좌우 두 개의 튼튼한 날개로 날아야 합니다.

시대의 유물론

고별 강연의 마지막 부분인 시대의 유물론으로 넘어가겠습니다. 시대의 유물론이라고 하니 거창하게 느껴지는데, 핵심은 누구도 시대에서, 역사와 정치에서 자유로울 수 없다는 겁니다. 우리는 정치가 더럽다고 정치를 외면하기도 합니다만, 이런 생각은 잘못입니다. 정치란, 시대란, 공기 같은 겁니다. 여러분 공기가 더럽다고 숨을 안 쉴 수 있나요? 아니죠. 마찬가지로 우리는 아무리 싫어도 정치 밖으로, 시대 밖으로 나갈 수 없습니다.

시대의 유물론이란 시대의 규정성, 시대의 물질성을 의미합니다. 우리는 시대의 규정성을 벗어날 수 없습니다. 물론 같은 시대에도 다른 삶을 사는 사람이 있죠. 일제 강점기에 학병을 탈출해 독립운동의 길을 떠난 장준하가 있다면 일본 천황에게 혈서를 쓰고 일본군 장교가 된 박정희도 있습니다. 사실 정몽준 전 의원은 저하고 중고등학교에 대학까지 동기인 절친 중한 명이고 박근혜 전 대통령도 같은 70학번입니다. 우리는 이런저런 차이가 있다지만 다 같은 시대의 규정을 받습니다. 이 시대의 규정성을 가장 잘 표현하는 단어가 바로 세대죠. 세대는 단순한 나이가 아니라 '나이 더하기 공동의 시대적 체험'입니다. 프랑스 68혁명의 68세대, 우리의 386세대, 서태지의 신세대, 요즘의 N포 세대가 시대의 유물론을 잘 보여주는 예죠. 한 시인은 나를 만든 8할은 바람이라고 했지만, 우리를 만드는 8할은 시대인 것 같습니다.

이런 문제의식에서 개발 독재 시대라고 부를 수 있는 제 시대를 이야기하고 여기에 기초해 여러분에게 여러분의 시대를 어떻게 살아야 할지를 생각해보려 합니다. 저는 원래 예술가 집안에서 태어나 화가의 꿈을 키우며 자라났습니다. 그런데 고등학교 3학년 올라갈 때 부모님이 그림은 취미로 해야 한다고 만류해 서울대학교 정치학과를 가고 선배 잘못 만나 운동권이 돼서 파란만장하다면 파란만장한 삶을 살아야 했습니다. 사진을 보며 설명하겠습니다.

가장 먼저 1971년 대통령 선거에서 김대중 후보를 돕다가 감옥을 갔습니다. 대선에서 부정 선거를 목격하고는 신민당을 찾아가 총선을 보이코트하라는 이야기를 하고 나오다가 정당법과 선거법 위반으로 투옥된 겁니다. 여러 명이 같이 재판을 받았습니다. 검사가 모두 징역 5년을 구형하면서 "손호철 5년"이라고 했는데, 변호사가 일어나 "손호철 피고인은 미성년자입니다" 하고 반론을 제기했습니다. 대학 2학년이지만 학교를 일찍 들어가 나이가 18살에 불과한 소년범에게 검사가 구형을 잘못한 겁니다. 다행히 무죄로 석방됐는데, 또 데모를 해서 그해 말 위수령 때 제적되고 말았습니다. 그때 같이 제적된 사람이 같은 서클이던 김상곤 현 사회부총리, 그리고 이제는 극우로 변한 김문수 전 의원입니다. 게다가 그때는 키가 188센티미터 이상이면 군대를 안 갔는데, 저는 189센티미터인데도 신체검사를 할 때 키 재는 막대를 막 눌러 183센티미터라며 강제 징집했습니다.

　그러다가 간신히 졸업해서 기자가 됐습니다. 했죠. 기자 생활을 잘하고 있는데 전두환이 나타나 12·12가 터졌고, 왜 이런 일이 반복돼야 하느냐는 회의가 들어 유학을 생각하고 준비했습니다. 그러나 5·18이 터지자 불순 세력이 한 짓으로 쓰라고 지시해서 제작 거부 운동을 하게 됐고, 그래도 유학을 가야 하나 고민했습니다. 그런데 보안사에서 제 출입처인 농수산부 기자실로 찾아왔습니다. 의식 있는 선배 기자들을 비공식으로 만나고 있었는데, 그중 한 명인 김태홍 기자협회회장을 체포하려고 덮친 곳에서 확보한 수첩에서 내 연락처가 나와 찾아왔다는 겁니다. 본격적인 수사는 아니어서 최근 만난 적 없다는 진술서를 써줬습니다. 더 있다가는 큰일이 날 것 같아 초특급으로 여권을 내고 유학을 떠났습니다. 그런데 나중에 보니 해직자 명단에 제 이름이 들어 있었습니다.

전두환 덕에 팔자에도 없는 유학을 가고, 교수가 됐습니다. 그런 점에서 저는 늘 저를 교수로 만들어준 전두환에게 고마워합니다. 유학을 마치고 귀국해서 간신히 교수가 됐지만, 실천적 삶은 끝나지 않았습니다. 김대중 대통령과 노무현 대통령 시절 민주화를 위한 전국교수협의회의 상임공동 의장을 맡아서 '거리의 교수'로, 강의실보다는 거리에서 더 많은 시간을 보 냈습니다. 신자유주의 구조조정 반대, 이라크 전쟁 반대 시위 때 사진들입 니다. 이명박 정부의 광우병 시위, 용산 참사 시위, 박근혜 탄핵 촉구 촛불 농성 등 거리 투쟁을 계속했습니다. 사실 문재인 정부가 출범한 뒤인 얼마 전에도 대학 개혁을 위해 청와대 앞에서 일인 시위를 하고 왔습니다.

중요한 것은 제가 거리의 교수로 산 사실이 아니라 '비주류의 비주류의 비주류'로 살아왔다는 점입니다. 이제는 바뀌고 있지만, 우리 사회의 주류 는 반공 독재 세력이고 민주화 세력은 비주류였습니다. 그래도 자유주의 세력은 '비주류의 주류'라서 김대중, 노무현, 문재인 등 대통령을 세 명이나 배출했고, 국회의원에 장관에 출세한 사람이 많습니다. 반면 진보 세력은 '비주류의 비주류'로 고난의 길을 걸었습니다. 게다가 이 '비주류의 비주류 의 주류'는 진보 우파로 불리는 민족주의 세력이고, 마르크스주의자 등 진 보 좌파는 비주류의 비주류에서도 비주류인 '비주류의 비주류의 비주류' 라고 볼 수 있습니다. 진보의 메카로 알려진 한 신학대학에서 학내 문제로 해직된 고 김수행 교수는 "박정희에게 해직당하면 민주 투사지만 대한민 국 최고의 민주 투사들에게 해직된 나는 반민주 투사인가"라며 한숨을 쉬 었습니다. '비주류의 비주류의 비주류'의 처지를 잘 보여주는 일화입니다.

고생한 이야기를 자랑하자는 것이 결코 아닙니다. 지금까지는 시작일 뿐이고, 진짜 하고 싶은 이야기는 이제부터입니다. 이런 모든 일에도 불구하고, 파란만장한 삶을 살고 비주류의 비주류의 비주류로 살았지만, 저는 제가 '선택된 세대'로서 '선택된 삶'을 살았다고 생각하고 고맙게 여긴다는 겁니다. 왜 그런가요? 바로 시대의 유물론이 여기에서 작동합니다.

저는 이런 모든 일에도 불구하고 30년 전에 태어나지 않아 정말 다행이라고 생각합니다. 30년 전, 즉 식민지반봉건 시대에 태어나 일제 강점기와 해방 공간에 청년기를 보냈으면 서른을 넘기지 못하고 죽었을 겁니다. 그런 일을 피했으니 얼마나 선택된 세대입니까? 아직 이야기가 남았습니다. 저는 이 모든 일에도 불구하고 제가 여러분처럼 30년 뒤에 태어나지 않아 정말 다행이라고 생각합니다. 물론 여러분들은 제가 생각하지도 못한 물질적 풍요 속에서 자랐고 또 살고 있습니다. 그러나 저는 여러분처럼 신자유주의 시대에 성장하며 낭만 없는 대학 생활에 스펙 전쟁을 치르며 N포 세대로 살지 않아도 돼 다행이라고 생각합니다. 저 같은 개발 독재 세대가 한국 현대사에서 가장 선택된 세대인데, 그 선택된 세대가 보낸 대학 시절이 유신 시대입니다. 유신 시대에 대학 생활을 한 세대가 한국 현대사에서 가장 선택된 세대라는 점이 한국 현대사의 진정한 비극입니다.

학계의 슬픈 현실

이야기를 학계로 좁히겠습니다. 저는 '진보 학자', '좌파 학자', '비주류의 비주류의 비주류'인데도 시대를 잘 만난 덕에 정규직 교수로, 그것도 서강대학교라는 명문대 교수로, 그것도 보수 교수들도 소수만 할 수 있는 학장과 대학원장 등 주요 보직을 하고 정년 퇴임을 할 수 있게 됐습니다. 얼마나 선택된 삶이고 복 받은 일입니까?

이런 점에서 우리 학계의 슬픈 현실에 관련해, 후배 진보 학자들에게 미안하고 안타깝습니다. 《자본》을 번역한 고 김수행 서울대학교 교수, 좌파의 좌파인 오세철 전 연세대학교 교수, 최고의 마르크스주의 정치학자인 김세균 서울대학교 교수, 서강대학교 선배이자 최고의 문화 이론가인 강내희 중앙대학교 교수 등이 정년 퇴임했지만, 그 후임으로 진보 교수를 한 명도 뽑지 않았습니다. 저는 후배 교수들에게 부탁했습니다. "서강대학교 정치외교학과의 장점이 다양성이니, 내 후임으로 한국 정치 전공자 중 진보적이고 '역사 구조적 접근'을 하는 사람을 뽑아달라." 다들 그러겠다고 했습니다. 그러나 인사란 모르는 겁니다.

서강대학교에 '시이오CEO 총장'이 있었습니다. 이분이 교수들을 불러놓고는 학부모들 만나 학교발전기금을 모아오라고 얘기했습니다. 그래서 제가 일어나 반론을 제기했습니다. "저는 CEO 총장에 반대하지만 일단 오셨으니 어쩔 수 없습니다. 그러면 '내가 CEO 총장이니 돈은 내가 모아오겠습니다. 여러분은 연구 많이 하고 학생 잘 가르치세요' 해야지, 교수들 내세워 앵벌이를 시킬 바에는 CEO 총장이 왜 필요합니까?" 저녁 먹는 자리에서 총장이 부르더군요. "손 교수, 종씨끼리 잘 봐주지. 왜 그래?" 그러면서 애로 사항은 없냐고 물어요. 그래 대답했죠. "명예퇴직할 테니 후임을 제가 뽑게 해주시죠." 의아해하길래 말했습니다. "젊은 학자들이 너무 취직이 안 돼서, 저는 이제 연금이 나오니까 제 자리를 가장 똑똑한 제자에게 양보하고 싶어서 그럽니다." 총장이 손사래를 칩니다. "내가 이념적으로 손 교수를 안 좋아하지만, 총장으로 와보니 손 교수가 몇 안 되는 서강의 스타더라고요. 그만두면 안 됩니다." 그래서 저도 부탁했죠. "그럼 안 관둘 테니 교수 정원을 한 명 추가로 주십시오." 이런 이야기를 한 적이 있습니다.

이 이야기를 하는 이유는 제가 명예퇴직을 심각하게 생각할 정도로 진보 학자들이 취직하기 어렵다는 점을 강조하려는 겁니다. 시대를 잘 만나 이렇게 정규직 교수를 수십 년 하고 떠나는 선배로서, 취업에 어려움을 겪는 진보적인 후배 학자들에게 느끼는 안타까움과 미안함을 이 자리를 빌려 전하고 싶습니다.

제 제자들에게도 한마디하려 합니다. 늙음에는 동물적 늙음과 식물적 늙음이 있습니다. 동물적 늙음의 대표는 사자입니다. 백수의 왕으로 살다가 나이가 들면 젊은 사자에게 밀려나 혼자 외롭게 죽습니다. 식물적 늙음은 당산나무입니다. 늙을수록 큰 나무가 돼 마을 사람들이 쉬어갈 수 있는 그늘을 만들어줍니다. 저는 식물적으로 늙고 싶었는데, 여러 논쟁을 하고 비판적 평론을 많이 쓰다보니 제자들이 어디 가서 손호철 제자라고 하면 득이 아니라 손해를 보는 것 같습니다. 제자들에게 그늘보다는 가시가 된 듯해 이 자리를 빌려 미안한 마음을 전하고 싶습니다.

어떻게 살 것인가

그럼 여러분들은 어떻게 살아야 할까요? 우선 하고 싶은 이야기는 인생이란 '운이 7할이고 실력은 3할'인 '운칠기삼'이고 '인생에 왕도는 없다'입니다. 앞에서 이야기한 대로 감옥을 다녀온 뒤에도 학생운동을 계속하다가 제적이 됐습니다. 제 동기 중에 저만 잘렸는데, 아버지는 왜 내 아들만 잘리나 하는 생각에 매일 같이 노는 가장 친한 친구가 프락치라서 안 잘린 모양이라며 한숨을 쉬셨습니다. 저는 제 친구는 프락치 아니라고 대들다가 군대를 갔는데, 어느 날 아버지가 면회를 왔습니다. 하도 얼굴이 좋아 보여서 제가 물었습니다. "무슨 좋은 일 있어요?" "호철아, 너 제적되기를 잘했다." 뭔 소리인가 들어보니, 아버지가 프락치로 몰던 제 친구가 학교에 남아 있던 탓에 전국민주청년학생총연맹(민청학련) 사건으로 무기형을 선고받았다는 겁니다. 그렇습니다. 전화위복, 전복위화가 다반사인 인생에는 정답이 없습니다.

그러니 적당히 살라는 말은 아닙니다. 비겁하게 살아서 잘된다는 보장이 있으면 여러분들에게 그렇게 살라고 하겠는데, 그렇지는 않습니다. 그럴 바에는 비겁하게 살지 말고 하고 싶은 일을 하고 살라는 겁니다. 노무현 대통령을 보세요. '바보 노무현'이라는 말을 들으며 바보같이 '지는 길'만 걸었는데, 그 덕에 대통령이 되지 않았습니까?

우리가 고민이 많은 것은 욕심이 많은 탓입니다. 자기가 하고 싶은 것도 하고 부모님이 원하는 것도 하고, 사회적 인정까지 다 얻으려 하니 고민이 많은 겁니다. 자기가 하고 싶은 것을 하고 모든 것을 잃는 경우와 남들이 원하는 것을 얻고 나를 포기하는 경우, 이 둘밖에 선택지가 없다고 생각하고 선택하십시오.

마지막으로 네 가지 이야기를 들려드리려 합니다. 첫째, 카를 마르크스의 좌우명으로 '인간적인 것 쳐놓고 우리와 무관한 것은 없다^{Nothing human is}'는 그리스 격언입니다. '누구를 위해 종은 울리느냐고 묻지 마라, 너를 위해 울리는 것이니까.' 결국 인류적 공동체성에 관한 이야기죠. 생태주의가 보여주듯이 이제 우리는 혼자 잘살 수 없습니다. 자연이 무너지면 우리도 같이 무너집니다. 우리는 관계 속에서만 존재할 수 있습니다. 특히 신자유주의 시대의 무한 경쟁 속에서 위만 올려다보고 살아가는데, 남의 고통에 함께 아파하며 아래를 내려다보고 연대할 수 있는, '하방연대'의 정신을 가졌으면 합니다. 그래서 촛불처럼 여러분들이 함께 손잡고 새로운 인간적 시대를 열어주기를 바랍니다.

둘째, 막스 베버의 좌우명입니다. 베버는 같은 독일에서 마르크스보다 50년 뒤에 태어난 사회학의 보수파 거장인데, 마르크스하고 이름이 비슷하다는 이유로 박정희 시대에는 금서 목록에 오른 '불운'의 인물입니다. 베버의 좌우명은 '뜨거운 가슴에 냉철한 머리Warm Heart, Cool Head'입니다. 그렇습니다. 베버의 말대로 가슴과 머리, 감성과 이성의 균형을 가지기를 바랍니다. 그런데 현실은 '뜨거운 가슴에 뜨거운 머리Warm Heart, Hot Head'가 많습니다. 반지성적인 '빠'가 그런 경우입니다. 반대로 '냉철한 머리에 차가운 가슴Cool Head, Icy Heart'도 많습니다. 그러면 안 됩니다. 현대의 가장 중요한 능력은 따뜻한 가슴에 기초한 공감 능력입니다.

돌아가신 신영복 선배가 '세상에서 가장 먼 여행'이라는 이야기를 했습니다. 남극이나 아이슬란드로 가는 여행이 아닙니다. 머리에서 가슴으로 가는 여행입니다. 그렇습니다. 단순히 머리로 이해하는 것을 넘어서 가슴으로 함께 아파하려면 많은 노력이 필요합니다. 더 먼 여행이 있습니다. 가슴에서 다리로 가는 여행입니다. 단순한 공감을 넘어서 실제로 실천에 옮기는 것이죠.

셋째, '치열하게 살자'입니다. 〈남영동 1985〉라는 영화가 있습니다. 고문 기술자 이근안이 민주화운동가인 고 김근태 전 의원을 고문하는 이야기입니다. 제가 운동권 사람들에게 하던 이야기가 있습니다. 과연 우리는 이근안이 고문하듯이 이근안보다 더 치열하게 운동을 했을까? 물론 고문을 치열하게 하면 안 되지만, 자기가 하는 일을 치열하게 하시기 바랍니다. 세상에는 100년을 30년처럼 사는 게으른 사람이 있고, 30년을 100년처럼 사는 치열한 사람도 있습니다.

넷째, 그러나 '즐겁게 살자'입니다. 우리는 일과 돈의 노예인 '경제적 동물'로 살아왔습니다. 이제 호모 파베르(작업인)에서 호모 루덴스(유희인)로 바뀌어야 합니다. 라틴아메리카 사람들을 보고는 게으르고 놀기만 한다고 욕하지만, 우리는 라틴식 삶을 배워야 합니다. 20세기 초를 살다간 페미니스트이자 사회주의자인 엠마 골드만은 말했습니다. "내가 춤출 수 없다면 혁명이 아니다." 그렇습니다. 촛불처럼 축제 같은 혁명이 필요합니다. 제가 가까운 진보 학자들끼리 '즐거운 좌파'라는, 줄여서 '즐좌' 모임을 만들기도 했습니다. 만나면 운동 이야기나 세미나는 하지 말고 술 마시고 놀자는 약속을 한 겁니다.

저처럼 개인 차원에 그쳐서는 안 되고, 사회적으로 문명 자체를 바꿔야 합니다. 경제 사회에서 문화 사회로, 덜 일하고, 덜 생산하고, 덜 벌고, 덜 부유하고, 덜 소비하지만, 자기 삶을 즐기는 사회로 나가야 합니다. 사실 1997년의 경제 위기는 그럴 수 있는 좋은 기회였습니다. 빨리 경제 위기를 벗어나 예전의 고도성장 시대로 돌아가는 것이 아니라 이런 전환을 시도할 수 있는 때였습니다. 민주노총이 정리해고의 대안으로 제시한 일자리 나누기도 좋은 출발점이 될 수 있었습니다. 단순한 고통 분담을 넘어서 세계 최장인 노동 시간을 줄이고 호모 루덴스로 나아갈 수 있는 대안이었습니다.

이제는 정말 떠날 시간입니다. 마지막으로 프랭크 시나트라의 명곡 〈마이 웨이〉로 제 고별 강연을 끝내겠습니다.

And now the end is near

And so I face the final curtain

My friend, I'll say it clear

I'll state my case of which I am certain

I've lived a life that's full

I traveled each and every highway

And more, much more than this

I did it my way

그리고 이제 끝이 가까워졌네요

그리고 나는 마지막 커튼을 보고 있습니다

친구여, 나는 확실히 이야기하렵니다

나는 확실히 내 이야기를 하려 합니다

나는 풍부한 삶을 살았습니다

나는 모든 고속도로를 다 다녀봤습니다

그리고 그 어느 것보다도 중요한 것은

그걸 내 방식대로 해냈다는 겁니다

Regrets I had a few

But then again too few to mention

I did what I had to do

And saw it through without exemption

I planned each chartered course

Each careful step along the by way

And more much more than this

I did it my way

후회요, 몇 개 있죠

그러나 몇 개일 뿐입니다

나는 내가 해야 할 것들을 했습니다

그리고 예외 없이 끝까지 해냈습니다

나는 모든 경로를, 샛길을 따라가는 모든 조심스러운 걸음을

다 계획했습니다

그리고 그 어느 것보다도 중요한 것은

그걸 내 방식대로 해냈다는 겁니다

Yes, there are times I'll sure you knew

When I bit off more than I could chew

But through it all when there was doubt

I ate it up and spit out

I faced all and I stood TALL

And I did it my way

당신도 잘 알듯이

내가 씹을 수 있는 것보다 더 많은 걸 깨물 때도 있었죠

그러나 사람들이 회의를 가질 때

나는 그걸 모두 씹고 뱉어냈습니다

이 모든 것에 맞서고 당당하게 섰습니다

그리고 내 방식대로 해냈습니다

I've loved, I've laughed and cried

I've had my fill, my share of losing

And now as tears subside

I find it all so amusing

To think I did all that

And may I say not a shy way

Oh, no, oh no not me, I did it my way

나는 사랑했고, 웃었고, 또 울었습니다

나는 내 나름의 많은 패배를 겪어야 했습니다

그리고 이제 눈물이 진정되고 나니

그 모든 것이 즐거웠다는 걸 깨달았습니다

내가 이 모든 것을 했다는 것을

그리고 내가 이렇게 수줍지 않게 말해도 될까요

"아냐, 나는 아냐. 나는 내 방식대로 해냈습니다"

For what is a man, what has he got

If not himself, then he has naught

To say the things he truly feels

And not the words of one who kneels

The record shows I took the blows

And I did it my way

인간이 무엇인가요? 인간이 가진 것은 무엇인가요?

자기 자신이 아니라면 가진 게 아무것도 없는 겁니다

자기 느낌을 솔직히 말하는 것

무릎 꿇은 자의 말을 하지 않는 것

기록은 내가 몇 방 맞았다는 것을 보여줍니다

그리고 나는 내 방식대로 해냈습니다.

Yes, it was Sonn's way

네, 그것은 손(호철)의 방식입니다

감사합니다. 여러분이 있어서 그동안 행복했습니다. 사랑합니다.

2017년 12월 7일, 서강대학교